智能供应链管理实战手册

新制造智能管理实战系列

党争奇　编著

化学工业出版社

·北京·

《智能供应链管理实战手册》是为供应链管理人员打造的个人成长与工作手册，以智能化供应链管理为主线，内容全面而实用。全书共七章，主要包括智能供应链概述、智能供应链之构建管理、智能供应链之采购管理、智能供应链之供应商管理、智能供应链之生产管理、智能供应链之物流管理和智能供应链之协同管理等内容。

　本书模块化设置，内容实用性强，着重突出可操作性，不论是初学者还是供应链管理老手，都可以学习参考和对照。

图书在版编目（CIP）数据

智能供应链管理实战手册/党争奇编著．—北京：化学工业出版社，2020.1
（新制造智能管理实战系列）
ISBN 978-7-122-35335-1

Ⅰ.①智… Ⅱ.①党… Ⅲ.①智能技术-应用-企业管理-供应链管理-手册 Ⅳ.①F274-39

中国版本图书馆CIP数据核字（2019）第223115号

责任编辑：陈　蕾　　　　　　　　　　　装帧设计：尹琳琳
责任校对：边　涛

出版发行：化学工业出版社（北京市东城区青年湖南街13号　邮政编码100011）
印　　刷：三河市航远印刷有限公司
装　　订：三河市宇新装订厂
710mm×1000mm　1/16　印张13¹/₂　字数247千字　2020年1月北京第1版第1次印刷

购书咨询：010-64518888　　　　　　　　　售后服务：010-64518899
网　　址：http://www.cip.com.cn
凡购买本书，如有缺损质量问题，本社销售中心负责调换。

定　价：68.00元　　　　　　　　　　　　　　　　版权所有　违者必究

前言

"新制造,让生产更加智能化"。新制造作为新一轮科技革命和产业变革的重要驱动力,正在中国大地掀起创新热潮。

当前,全球制造业正加快迈向数字化、智能化时代,智能制造对制造业竞争力的影响越来越大。智能制造就是面向产品全生命周期,实现泛在感知条件下的信息化制造。

目前,基于信息物理系统的智能装备、智能工厂等智能制造正在引领制造方式变革,再加上5G技术的应用,必将推动中国制造向智能化转型。在这样的背景下,我国的制造企业也开始转型和提升管理水平,通过信息化变革、创新绿色供应链、改善企业内部的生存环境等举措,来实现新的发展,同时在战略上实现订单驱动型向管理驱动型的转变,为迈向工业信息化抢占先机。

随着智能制造和信息技术的发展,供应链已发展到与物联网深度融合的智能供应链新阶段。未来,智能供应链将会成为制造企业实现智能制造的重要引擎,支撑企业打造核心竞争力,推动整个制造业发生重构与迭代。

如今,全球经济已进入供应链时代,企业与企业之间的竞争开始转化为企业所处的供应链与供应链之间的竞争。在智能制造环境下,打造智能、高效的供应链,是制造企业在市场竞争中获得优势的关键。

随着物联网、人工智能、大数据、区块链等现代化信息技术的快速发展,未来供应链将会被重塑。通过物联网实现万物互联,看到真实的供应链;通过大数据实现信息数据的整合,提高供应链数据决策能力;通过人工智能实现可视化,动态模拟供应链场景;通过大数据实现供应链可信任,提高供应链调节效率。

此外,未来的智能供应链战略还将使企业更加看重供应链过程的增值要求,更加重视基于全价值链的精益制造,更加强调以制造企业为切入点的平台功能。智能供应链从精益生产开始,拉动精益物流、精益采购、精益配送等各个环节。

《智能供应链管理实战手册》是一本为供应链管理人员打造的个人成长与工作手册,以智能化供应链管理为主线,内容全面而实用。全书共七章,主要包括智能供应链概述、智能供应链之构建管理、智能供应链之采购管理、智能供应链之供应商管理、智能供应链之生产管理、智能供应链之物流管理和智能供应链之协同管理等内容。

  本书模块化设置，内容实用性强，着重突出可操作性，不论是初学者还是供应链管理老手，都可以学习参考和对照。

  由于编著者水平有限，加之时间仓促、参考资料有限，书中难免出现疏漏与缺憾，敬请读者批评指正。

编著者

目录 CONTENTS

第一章 智能供应链概述 ························ 1

随着智能制造和信息技术的发展,供应链已发展到与物联网深度融合的智能供应链新阶段。未来,智能供应链将会成为制造企业实现智能制造的重要引擎,支撑企业打造核心竞争力,推动整个制造业发生重构与迭代。

　　一、供应链的认知 ························ 2
　　二、供应链的发展阶段 ························ 5
　　三、供应链管理的认知 ························ 7
　　　　相关链接:从横、纵两个方向理解供应链管理 ························ 12
　　四、智能供应链的认知 ························ 15
　　五、智能供应链的发展趋势 ························ 17

第二章 智能供应链之构建管理 ························ 19

如今,全球经济已进入供应链时代,企业与企业之间的竞争开始转化为企业所处的供应链与供应链之间的竞争。在智能制造环境下,构建智慧、高效的供应链,是制造企业在市场竞争中获得优势的关键。

　　一、构建智能供应链的意义 ························ 20
　　二、构建智能供应链的信息技术 ························ 22
　　三、构建智能供应链的切入点 ························ 23
　　　　相关链接:智能供应链建设的挑战及未来路径 ························ 26
　　四、构建智能供应链的途径 ························ 27
　　五、智能供应链的落地策略 ························ 29

六、传统企业转型智能供应链的战略 ……………………………………… 31
　　相关链接："互联网+"重塑供应链管理新模式 ………………………… 33

第三章　智能供应链之采购管理 ……………………………………… 35

采购是整体供应链管理中"上游控制"的主导力量，以及与供应链其他环节密切配合的协同推手。采购管理是供应链管理中的重要一环，是实施供应链管理的基础。

一、采购管理的认知 ………………………………………………………… 36
　　相关链接：采购与供应链的关系 ………………………………………… 36
二、采购战略的制定 ………………………………………………………… 37
三、JIT采购的实施 ………………………………………………………… 49
　　相关链接：JIT采购与传统采购的区别 ………………………………… 52
四、MRP采购的实施 ………………………………………………………… 52
五、数字化采购的实施 ……………………………………………………… 55
六、云采购模式的实施 ……………………………………………………… 61
　　相关链接：鞍钢集团借用友采购云实现采购管控突破 ………………… 63
七、智能采购平台的搭建 …………………………………………………… 64
　　相关链接：健业纺织借助智能采购管理系统快速"锁定"最佳供应商 … 67
八、采购价格管理 …………………………………………………………… 69
　　相关链接：如何与供应商磋商采购价格 ………………………………… 71
九、采购品质管理 …………………………………………………………… 72

第四章　智能供应链之供应商管理 …………………………………… 75

在供应链管理思想的冲击下，采购商与供应商的关系已经逐渐成为了一种相互依存的合作关系，供应商的管理是供应链管理的重要组成部分。

一、供应商的选择 …………………………………………………………… 76
二、供应商的评估 …………………………………………………………… 76
三、供应商交期管理 ………………………………………………………… 77

相关链接：VMI 的正确打开方式 81
　四、供应商绩效管理 82
　　　相关链接：苹果对供应链的全流程管理 91
　五、供应商风险管控 96
　　　相关链接：苹果对供应商的信息安全有何要求 100
　六、供应商扶持管理 101
　七、供应商的利益维护 103
　八、供应商社会责任管理 104

第五章　智能供应链之生产管理 109

　　为了实现预期生产的品种、质量、产量和生产成本目标，企业应统筹组织工厂资源，安排生产计划和生产控制工作，这也是供应链管理的重要环节。

　一、供应链生产管理的认知 110
　二、供应链生产系统的认知 111
　三、供应链生产计划管理 113
　四、供应链生产控制管理 114
　五、供应链生产模式管理 116
　　　相关链接：海尔打造 COSMOPlat 大规模定制平台 121
　六、供应链延迟生产管理 123
　七、生产外包的管理 127
　　　相关链接：EMS 制造服务详解 137

第六章　智能供应链之物流管理 141

　　在智能制造大环境下，作为智能供应链必不可少的重要组成部分，智能物流正在成为制造业物流新的发展方向。

　一、智能物流的认知 142
　二、制造业物流系统建设 144
　　　相关链接：提升企业内部物流管控能力的策略 145

三、智能物流系统的规划 ·· 149
　　相关链接：智能制造对物流系统的要求 ·························· 153
四、智能物流系统的构建 ·· 154
　　相关链接：面向智能物流的前沿应用 ···························· 159
五、智能仓储系统的应用 ·· 161
　　相关链接：智能仓储能为传统制造企业做些什么？ ·············· 162
　　相关链接：5G给智能仓储带来"芯"变化 ························ 169
六、物流外包的管理 ·· 170

第七章　智能供应链之协同管理 ·· 179

　　由于市场需求逐渐向多样化、特殊化转变，传统的生产模式已不足以应对竞争激烈的市场环境，面对这样的挑战，若想在市场中获得强大的竞争力，离不开供应链各环节的协同合作。

一、供应链协同管理的认知 ·· 180
二、供应链协同管理的优势 ·· 181
　　相关链接：传统供应链管理的弊端 ······························ 182
三、供应链协同管理的意义 ·· 183
四、供应链协同管理的措施 ·· 184
五、供应链协同管理的要点 ·· 185
六、供应链内外部协同管理 ·· 187
　　相关链接：企业如何提高外部供应链协同水平 ·················· 191
七、供应链协同体系的建设 ·· 191
　　相关链接：增宇协同供应链管理平台解决方案 ·················· 200
　　相关链接：软通动力供应链协同解决方案 ······················ 202

附录 ··· 205

第一章 智能供应链概述

智能供应链管理实战手册

 导言

随着智能制造和信息技术的发展，供应链已发展到与物联网深度融合的智能供应链新阶段。未来，智能供应链将会成为制造企业实现智能制造的重要引擎，支撑企业打造核心竞争力，推动整个制造业发生重构与迭代。

一、供应链的认知

如今,全球经济已进入供应链时代,企业与企业之间的竞争开始转化为企业所处的供应链与供应链之间的竞争。

1.供应链的定义

供应链的概念是从扩大生产概念发展来的,它将企业的生产活动进行了前伸和后延。

国家标准《物流术语》(GB/T18354—2006)中明确指出:"供应链,即生产及流通过程中,为了将产品或服务交付给最终用户,由上游与下游企业共同建立的需求链状网。"如图1-1所示。

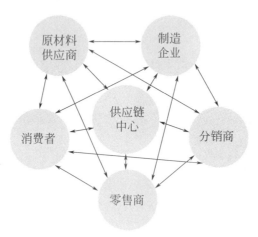

图1-1 供应链示意

在2017年10月13日由国务院发布的《关于积极推进供应链创新与应用的指导意见》中,将供应链定义为:"供应链是以客户需求为导向,以提高质量和效率为目标,以整合资源为手段,实现产品设计、采购、生产、销售、服务等全过程高效协同的组织形态。"如图1-2所示。

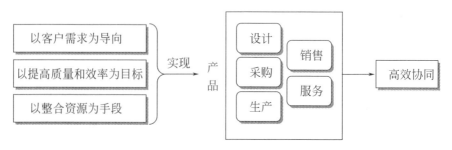

图1-2 供应链的定义

2.供应链的基本要素

一般来说，构成供应链的基本要素如图1-3所示。

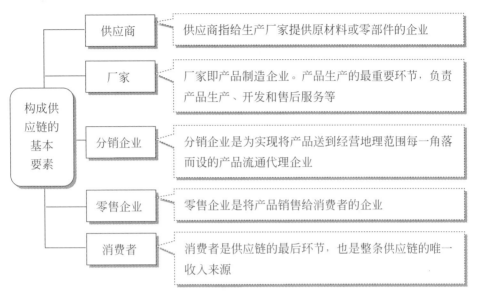

图1-3 构成供应链的基本要素

3.供应链的流程

供应链一般包括图1-4所示的四个流程，其有各自不同的功能以及不同的流通方向。

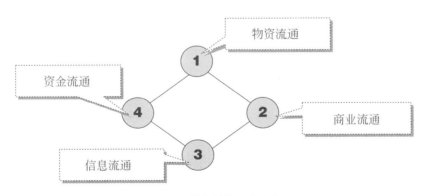

图1-4 供应链的四个流程

（1）物资流通。这个流程主要是物资（商品）的流通过程，这是一个发送货物的程序。该流程的方向是由供货商经由厂家、批发与物流、零售商等指向消费者。由于长期以来企业理论都是围绕产品实物展开的，因此物资流程被人们广泛重视。许多物流理论都涉及如何在物资流通过程中在短时间内以低成本将货物送出去。

（2）商业流通。这个流程主要是买卖的流通过程，这是接受订货、签订合同等的商业流程。该流程的方向是在供货商与消费者之间双向流动的。商业流通形式趋于多元化：既有传统的店铺销售、上门销售、邮购的方式，又有通过互联网等新兴媒体进行购物的电子商务形式。

（3）信息流通。这个流程是商品及交易信息的流程。该流程的方向也是在供货商与消费者之间双向流动的。过去人们往往把重点放在看得到的实物上，因而信息流通一直被忽视。甚至有人认为，国家的物流落后同他们把资金过分投入物资流程而延误对信息的把握不无关系。

（4）资金流通。这个流程就是货币的流通，为了保障企业的正常运作，必须确保资金的及时回收，否则企业就无法建立完善的经营体系。该流程的方向是由消费者经由零售商、批发与物流、厂家等指向供货商。

4.供应链的分类

根据不同的划分标准，可以将供应链分为表1-1所示的几种类型。

表1-1　供应链的分类

划分标准	分类	具体说明
范围	内部供应链	内部供应链是指企业内部产品生产和流通过程中所涉及的采购部门、生产部门、仓储部门、销售部门等组成的供需网络
	外部供应链	外部供应链则是指企业外部的，与企业相关的产品生产和流通过程中涉及的原材料供应商、生产厂商、储运商、零售商以及最终消费者组成的供需网络
复杂程度	直接型供应链	直接型供应链是产品、服务、资金和信息在往上游和下游的流动过程中，由公司、此公司的供应商和此公司的客户组成
	扩展型供应链	扩展型供应链把直接供应商和直接客户的客户包含在内，这些成员均参与产品、服务、资金和信息往上游和下游的流动过程
	终端型供应链	终端型供应链包括参与产品、服务、资金、信息从终端供应商到终端消费者的所有往上游和下游的流动过程中的所有组织
稳定性	稳定供应链	基于相对稳定、单一的市场需求而组成的供应链，稳定性较强
	动态供应链	基于相对频繁变化、复杂的需求而组成的供应链，动态性较高

续表

划分标准	分类	具体说明
容量需求	平衡供应链	一个供应链具有一定的、相对稳定的设备容量和生产能力（所有节点企业能力的综合，包括供应商、制造商、运输商、分销商、零售商等），但用户需求处于不断变化的过程中，当供应链的容量能满足用户需求时，供应链处于平衡状态
	倾斜供应链	当市场变化加剧，造成供应链成本增加、库存增加、浪费增加等现象时，企业不是在最优状态下运作，供应链则处于倾斜状态
功能	有效性供应链	有效性供应链主要体现供应链的物理功能，即以最低的成本将原材料转化成零部件、半成品、产品，以及在供应链中的运输等
	反应性供应链	反应性供应链主要体现供应链的市场中介的功能，即把产品分配到满足用户需求的市场，对未预知的需求做出快速反应等
	创新性供应链	创新性供应链主要体现供应链的客户需求功能，即根据最终消费者的喜好或时尚的引导，进而调整产品内容与形式来满足市场需求
企业地位	盟主型供应链	盟主型供应链是指供应链中某一成员的节点企业在整个供应链中占据主导地位，对其他成员具有很强的辐射能力和吸引能力，通常称该企业为核心企业或主导企业
	非盟主型供应链	非盟主型供应链是指供应链中企业的地位彼此差距不大，对供应链的重要程度相同

二、供应链的发展阶段

从供应链技术的发展来看，展现出层次分明的阶段性迭代特征。供应链的发展历程基本上可以分为图1-5所示的五个阶段。

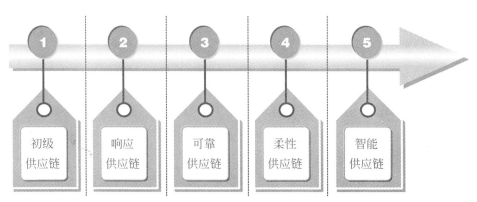

图1-5 供应链的发展阶段

1. 初级供应链

在初级供应链阶段，企业通常按照预算安排生产和交货，没有专职的供应链部门进行产销协调。

2. 响应供应链

随着企业的发展，响应订单的供应链应运而生，这时候的供应链在注重直接成本的同时考虑客户交互，对客户订单进行快速响应，但是这个阶段的供应链也存在客户服务缺乏稳定性的问题。

3. 可靠供应链

可靠供应链是供应链发展的又一个阶段，它强调计划与执行的协同，关注终端客户需求、服务和满意度，全面展开需求预测及产销协同和跨部门协作。

4. 柔性供应链

与可靠供应链相比，柔性供应链其实是企业内部充分整合后的供应链，这种类型的供应链战略关注供应链整体成本，主张跨部门充分协同、柔性化和精益兼具的供应链能力，精益敏捷是其重要特征。

5. 智能供应链

在智能化时代，用户个性化需求的凸显使得企业的生产活动的起点发生了根本性变化，需求不再是制造企业生产产品让用户接受，而是用户参与个性化定制，制造业满足用户需求。因此智能供应链是以需求驱动为价值导向，是终端需求计划驱动扩展的端到端供应链运作。具体如图1-6所示。

图1-6 智能供应链以需求驱动为价值导向

未来，智能供应链将更加强调以制造企业为切入点的平台功能，重视基于全价值链的精益制造，从精益生产开始，到拉动精益物流、精益采购、精益配送。智能供应链上不再是企业的某人或者某个部门在思考，而是整条供应链在思考。

三、供应链管理的认知

完善的供应链管理可以让企业以最低成本来获取最大的利益,同时可以提高企业的工作效率和生产效率。在一个企业众多的管理环节中,供应链管理是维系整个企业正常运转的重要环节。

1. 供应链管理的概念

供应链网络是从产品到达消费者手中之前所涉及的原材料供应商、生产商、批发商、零售商以及最终消费者组成的供需网络,即由物料获取、物料加工,并将成品送到用户手中这一过程所涉及的企业和部门组成的一个网络。如图1-7所示。

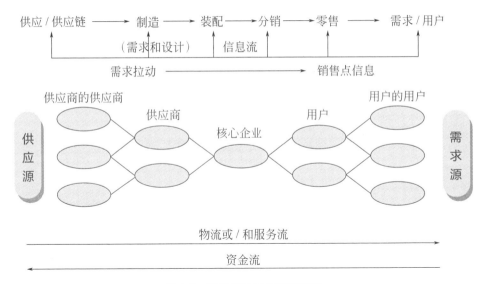

图1-7 供应链的网络结构模型

从图1-7中可以看出,供应链由所有参与活动的节点企业组成,其中有一个核心企业(比如产品制造企业或大型零售企业)与节点企业在需求信息的驱动下,通过供应链的职能分工与合作(寻源、采购、生产、分销、零售等),以资金流、物流为媒介实现整个供应链的不断增值。

由此可见,供应链管理是一种集成的管理思想和方法,它执行供应链中从供应商到最终用户的物料流程的计划和控制等职能。从单一的企业角度来看,是指企业通过改善上、下游供应链关系,整合和优化供应链中的信息流、物流、资金流,以获得企业的竞争优势。

2.供应链管理的内容

按照国际供应链理事会（SCC）的定义，一个完整的供应链管理主要包括图1-8所示的几个方面。

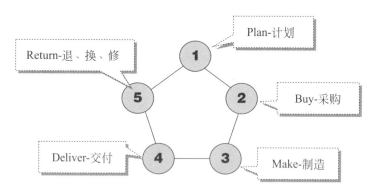

图1-8　供应链管理的主要内容

（1）计划。这里的计划是指规划"需求和供应"的计划。你需要有一个策略来管理所有的资源，以满足客户对你的产品或服务的需求。好的计划是制定策略并运作一系列的方法来监控和调整供应链环节。

比如，制定生产运营、运输和仓储、资产管理、库存管理等策略，满足市场的最终需求，使供应链能够有效、低成本地为客户递送高质量和高价值的产品或服务。

（2）采购。选择能为你的产品和服务提供货品和服务的供应商，和供应商建立一套定价、交付和付款、合作管理的流程，并创建方法监控和改善从报价到付款的所有管理流程与机制。

（3）制造。安排生产、测试、包装和准备送货所需的活动，是供应链中管理内容和管理细节最多的部分，包括质量、产量和效率等生产制造活动。

（4）交付。很多人认为是"物流"，实际是调整用户的订单收据、建立仓储机制、安排运输人员提货或送货到客户手中、建立收发货品系统、收付款系统、物权转移等活动。

（5）退、换、修。这是供应链中的问题处理部分。建立从客户端向企业端的逆向流程和体系，接收客户退回的次品和多余产品，并在客户应用产品出问题时提供支持。

3.供应链管理的意义

供应链通过资源整合和流程优化，促进产业跨界和协同发展，有利于加强从生产到消费等各环节的有效对接，降低企业经营和交易成本，促进供需精准匹配和产业转型升级,全面提高产品和服务质量。如图1-9所示。

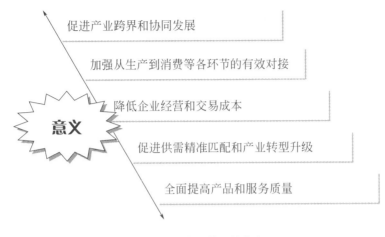

图1-9 供应链管理的意义

企业要以提高产品质量和效益为中心,加强供应链与互联网深度融合,以信息化、标准化、信用体系建设为支撑,创新发展供应链新理念、新技术、新模式,高效整合各类资源和要素,提升产业集成和协同水平,打造大数据支撑、网络化共享、智能化协作的智能供应链体系。提高采购方和供应商双方的业务效率,实现信息的可视化,增强信息的准确性。

4.供应链管理的目标

供应链是一个包含供应商、制造商、运输商、零售商以及客户等多个主体的系统。供应链管理就是指对整个供应链系统进行计划、协调、操作、控制和优化的各种活动和过程,其目标是将客户所需的正确的产品,能够在正确的时间,按照正确的数量、质量和状态送到正确的地点,并使这一过程所耗费的总成本最小。

> **小提示**
>
> 供应链管理是一种体现着整合与协调思想的管理模式,它要求组成供应链系统的成员企业协同运作,共同应对外部市场复杂多变的形势。

5.供应链管理的特点

供应链管理是一种先进的管理理念,它的先进性体现在是以客户和最终消费者为经营导向的,以满足客户和消费者的最终期望来生产和供应的。除此之外,供应链管理还有图1-10所示的几种特点。

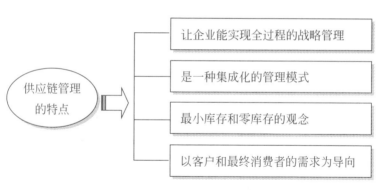

图1-10　供应链管理的特点

（1）让企业能实现全过程的战略管理。传统的管理模式往往以企业的职能部门为基础，但由于各企业之间以及企业内部职能部门之间的性质、目标不同，造成相互的矛盾和利益冲突，各企业之间以及企业内部职能部门之间无法完全发挥其职能效率，因而很难实现整体目标化。

而供应链管理会把物流、信息流、资金流、业务流和价值流的管理贯穿于供应链的全过程，覆盖从原材料和零部件的采购与供应、产品制造、运输与仓储到销售各种职能领域。它要求各节点企业之间实现信息共享、风险共担、利益共存，并从战略的高度来认识供应链管理的重要性和必要性，从而真正实现整体的有效管理。

（2）是一种集成化的管理模式。供应链管理的关键是采用集成的思想和方法。它是一种从供应商开始，经由制造商、分销商、零售商，直到最终客户的全要素、全过程的集成化管理模式，是一种新的管理策略，它把不同的企业集成起来以增强供应链的效率，注重企业之间的合作，以达到全局最优。

（3）最小库存和零库存的观念。库存是维系生产与销售的必要措施，是一种必要但又可以运用管理技术最小化甚至消除的成本。供应链管理使企业与其上下游企业之间在不同的市场环境下实现了库存的转移，降低了企业的平均库存成本。这就要求供应链上的各个企业成员建立战略合作关系，通过快速反应和信息共享来降低库存总成本。

（4）以客户和最终消费者的需求为导向。无论构成供应链的节点的企业数量有多少，也无论供应链节点企业的类型、层次有多少，供应链的形成都是以客户和最终消费者的需求为导向的。正是由于有了客户和最终消费者的需求，才有了供应链的存在。只有让客户和最终消费者的需求得到满足，才能有供应链的更大发展。

6.供应链管理的核心

完整的供应链闭环以市场和客户需求为导向，根据市场和客户需求，进行产品设计开发、计划、采购、生产、交付、仓储和物流。供应链管理涉及图1-11所示的六大核心管理模块。

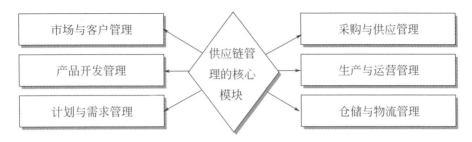

图1-11 供应链管理的核心模块

（1）市场与客户管理。市场和客户需求应该始终作为整个供应链的开端和导向，客户关系管理的过程就是开发和维护与客户关系的过程。客户需求管理强调的是对客户个性化需求的管理，它能及时地把客户的当下需求和潜在需求及时反馈给设计、计划、生产部门，制造出使客户满意的产品。通过这个过程，管理者能辨认关键客户和客户需求，并把他们作为公司战略的一部分。

> **小提示**
>
> 整个供应链的运作应以客户的需求拉动供需协调，各部门协同作业满足客户的需求。

（2）产品开发管理。产品的开发管理最需要避免的一个误区就是"闭门造车"。供应链管理的这个过程要和客户及供应商共同开发产品，最终将产品投放市场。负责产品的设计和商业化过程的团队应该和市场部门合作以确认客户精准需求，和采购团队合作来选择原材料和元器件供应商，和生产团队合作根据市场的需求来发展和应用新的生产制造和工程技术。

（3）计划与需求管理。需求管理是通过有预见性的预测，使需求和供给相匹配并使计划更有效地执行。计划和需求管理不仅仅指下达订单指令，它还包括设计EOQ（经济订货批量），在最小化的配送成本的基础上满足客户需求等。这是一个平衡客户需求、生产计划和供应能力的过程，包括协调供给和需求、减少波动和减少不确定性，并对整个供应链提供有效支撑。

（4）采购与供应管理。供应商与制造商之间需要经常进行有关成本、作业计划、质量控制等信息的交流与沟通，以保持信息的一致性和准确性。同时，要实施供应商的有效激励和管理机制，对供应商的关键业绩指标进行评价，使供应商不断改进。

（5）生产与运营管理。生产与运营管理是指统筹组织工厂资源（布置工厂、组织生产线、实行劳动定额和劳动组织、设置生产管理系统等）、安排生产计划（编制生产计划、生产技术准备和生产流程、操作指导等）和生产控制工作（控制生产进度、生产库存、生产质量和生产成本等），以实现预期生产的品种、质量、产量和生产成本目标。

（6）仓储与物流管理。仓储与物流的日常管理活动主要包括进、出、存三个方面。在仓储和物流管理中，信息化和可视化的应用十分必要，如果信息不能及时被采集、整理、分析和使用，就会造成极大的资金浪费和库存积压。如何提高库存的周转率和资金利用率，降低原材料、半成品、成品的库存和流通费用，是仓储与物流管理日常解决的问题。

> **小提示**
>
> 供应链管理不仅要关注产品在原材料采购、生产管理、质量管理、仓储物流、售后服务等方面的资源整合和配置优化问题，还要考虑核心企业与整个供应链上下游成员的合作关系。

相关链接

从横、纵两个方向理解供应链管理

在一个成熟行业，谁更能控制复杂度，谁更能做好供应链管理，谁就更可能生存下去。

一个公司，供应链能做到准时、优质、低成本，那供应链管理就是合格的。

在国内，由于供应链管理概念传入较晚，很多人对供应链管理并没有一个准确理解，有人简单理解成SRM（供应商关系管理）、CRM（客户关系管理）之类的软件；有人以为是采购和供应商管理，只负责确保产品、服务提供；有人觉得供应链管理不过是生产管理的延伸或者干脆就是物流管理。

实际上，供应链管理是个更大的概念，"只重局部，不看全局"是供应链管理低效的重要原因。理解供应链管理，必须从全局出发：供应链管理就是集成管理从供应商的供应商到客户的客户的产品流、信息流、资金流，做好采购管理、运营管理、物流管理，解决产品、组织、流程的复杂度问题，实现更大客户价值，更小供应链成本。

1. 供应链的纵向理解

纵向来说,供应链管理包括采购/供应管理(寻源)、生产运营管理(加工)、物流管理(支付)。供应链介入了产品从无到有的整个过程。

(1)采购管理。采购管理主要指通过分析开支、确认需求、评估供应商、选择供应商、签订协议、管理供应商来确保以合适的成本保质、保量地获取资源。从供应链管理角度讲,采购处于公司内外结合点,对内管理需求(比如设计的新产品寻源、生产部门的量产需求)、对外管理供应商(比如供应商选择和绩效管理)。

采购每节省一块钱,利润就增加一块钱。随着很多行业转向外包战略,采购的地位日益提升。有些公司已经开始统计采购管理的贡献。例如净利润是10%,其中0.5%是采购管理通过降低采购成本等来实现的。

(2)运营管理。微软的《英卡特》将运营管理定义为:"运营管理是对主要商业活动的管理,即组织和控制最基本的商业活动,为客户提供产品和服务。"更准确地说,运营管理是对设计、工业工程、管理信息系统、质量管理、生产管理、库存管理、会计等职能的集成,以有效地规划、利用和控制生产或服务机构。运营管理实际是把原材料、人力、技术、资金、设备等转化成产品、服务的增值过程,是一个生产加工过程。

运营管理都是一些柴米油盐酱醋茶的小事,但却关系到公司的基本运作。正如麦当劳的炸薯条没什么了不起,真正厉害的是在世界的任何地方,由不同肤色的员工在不同时间炸出来的薯条都是一个味道。

(3)物流管理。物流管理是供应链管理的一部分,即为满足客户需求,通过计划、实施和控制,促进产品、服务和信息从发源地到消费点的有效流动及储藏。简而言之,就是把产品从A点搬到B点,并处理过程中的服务、信息。

物流管理的对象包括运输、车队、仓储、物料处理、订单履行、物流网络设计、库存管理、供给与需求规划,以及对第三方物流服务商的管理。物流管理不仅包括产品、服务、信息的正向流动(从供应商到客户),也管理其反向流动(从客户到供应商)。消费升级时代,退货、保修、返修越来越受到重视。

很多人认为物流管理很简单,但只要知道物流占美国/日本国内生产总值的10%,占中国的20%,就知道它有多么的不简单。

总的来讲,采购管理侧重于供应商管理,使供应商成为公司的有机延伸;

运营管理力求以最有效的方式完成产品、服务的增值过程；而物流管理则力求以最经济、迅捷的方式把货物从发源地流动到消费点。它们组成了供应链的整个链条。

2. 供应链的横向理解

横向来看，供应链管理涉及产品流、信息流、资金流。以苹果iPhone 8为例，生产环节，富士康给苹果做生产，是苹果的一级供应商；台积电给富士康供应芯片，是富士康的一级供应商，苹果的二级供应商。就销售环节，苹果公司是供应商，供货给电信商；电信商进一步供货给自己的门面店；然后iPhone 8到了消费者手中。

在上面的供应链中，产品从供应商的供应商流向客户的客户，资金按照相反方向流动，信息则双向流动，供应链管理实际就是对产品流、信息流、资金流的集成管理。

（1）产品流。产品流是产品的物理流动，涉及采购、生产、仓储、运输等，目的就是高效率、低成本地采购、制造、运输、销售产品。以一家母婴实体店为例，在哪里选择供应商，在哪里设置一级、二级配货中心，在哪里开店，都得考虑生产、仓储、运输和销售的综合成本。供应链之所以存在，就是因为有产品流。

产品流的最大挑战实际不是生产、运输或仓储，而是供应链的透明度，即在供应链中，产品具体在哪个环节，有多少，说白了，还是信息流问题。

（2）信息流。信息流是供应链的神经系统，支配着产品流和资金流的运作。例如货量不准、货号出错、包装不妥、标签出错、质量检验证书没附上等，表面是实物问题，实际是信息问题。

信息流有两大难题：信息传递的失真和低效；人为壁垒。前者是小问题，可以依靠信息技术解决，后者却是造成供应链低效的一大原因。出于商业考量，公司之间、部门之间、人与人之间并不愿意分享信息，例如供应商担心采购方利用自己提供的生产信息要去降价，或者泄露给供应商的竞争对手。

如何确保数据的准确性，并从中提炼出合适的信息，是管理者的一项重要任务。

（3）资金流。资金流是企业和供应链的血液，试想想，如果一个公司没有资金支付供应商的货款、发员工工资、付水电煤气费，这公司还能撑多久？很多时候，信息问题与库存问题相连，库存问题导致资金流问题。例如"牛鞭效应"中需求预测信息沿供应链传递时失真、放大，导致整条供应链过量生产、过度扩张、库存积压,从而导致资金积压严重。资金流问题往往取决于信息流的解决方案。

总的来说,产品流是供应链的根本,从供应商向客户流动,是供应链的实物流;资金流是供应链的血液,从客户流向供应商;而信息流则是双向流通,构成供应链的神经系统。供应链管理就是产品流、信息流、资金流的集成管理。供应链管理,如同任何管理,不是简单的取舍,而是要兼顾。要理解供应链管理,必须从供应链的整体看待产品流、信息流和资金流。

3.供应链管理的关键

企业要生存,不仅需要开发好的产品,卖个好价钱,还要以适当的成本、速度生产出来。尤其在现在流通成本、沟通成本越来越低廉的全球化时代,越来越多的公司倾向于抛弃竖向集成,将非核心业务外包,以求得更低成本、更高效率。作为降本增效的主要源泉,供应链管理越来越受到重视,集成管理成为供应链管理的关键。

集成供应链必须解决两个问题:关系和连接。关系解决愿不愿意做的问题,着眼合作伙伴层面(公司与公司、部门与部门、员工与员工);连接解决能不能有效协作的问题,着眼订单层面,即围绕订单的产品流、信息流和资金流是否通畅。

所谓供应链的集成管理,就是从供应链角度避免局部优化,着眼全局,优化供应链的产品流、信息流、资金流,让供应链的总成本更低、速度更快、服务水平更高,从而提高供应链的竞争水平,在链与链的竞争中胜出。

四、智能供应链的认知

如今,全球经济已进入供应链时代,企业与企业之间的竞争开始转化为企业所处的供应链与供应链之间的竞争。在智能制造环境下,打造智能、高效的供应链,是制造企业在市场竞争中获得优势的关键。

1.智能供应链的定义

"智能供应链"是结合物联网技术和现代供应链管理的理论、方法和技术,在企业中和企业间构建以实现供应链的智能化、网络化和自动化的技术与管理综合集成系统。如图1-12所示。

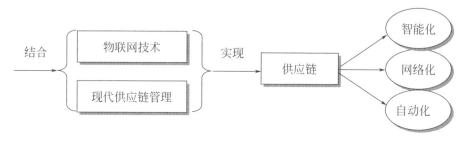

图1-12 智能供应链的定义

2.智能供应链的核心

智能供应链的核心是使供应链中的成员在信息流、物流、资金流等方面实现无缝对接,尽量消除信息不对称的影响,最终从根本上解决供应链效率问题。

3.智能供应链的特点

在智能制造时代,相较于传统供应链,智能供应链具有更多的市场要素、技术要素和服务要素,呈现出图1-13所示的显著特点。

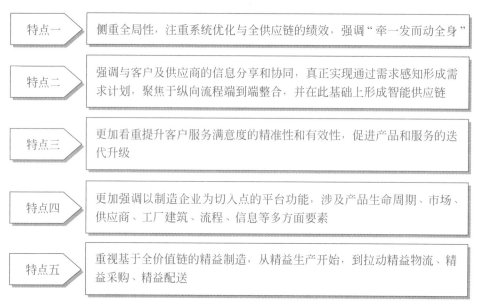

图1-13 智能供应链的特点

总之,在智能供应链上,不再是企业的某人或者某个部门在思考,而是整条供应链在思考。

4.智能供应链的优势

通过互联网、物联网、云计算、大数据等现代技术的融合,构成智能供应链的平台，实现硬件与软件资源的全面协调、可持续的协同发展，进而实现人、机、物、信息的共享、协同，优化形成智能供应链生态圈。具体来说，智能供应链的优势体现在图1-14所示的几个方面。

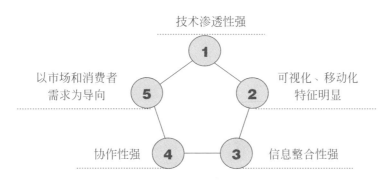

图1-14 智能供应链的优势

图1-14所示说明如下。

（1）在智能供应链大环境下，供应链上的企业会采取主动措施，主动地吸收和采取供应链所需要的现代技术，实现智能供应链。

（2）智能供应链以更加鲜活的方式来表达数据所传递的信息，例如图片、视频等，同时获取数据的方式更加灵活多变。

（3）智能供应链可以打破供应链上企业各自为政、信息孤岛的现状，有效地实现整个链条上的企业信息共享和无缝对接。

（4）智能供应链上的企业共担风险、共享利益，企业的协同性更强，针对供应链内外部的信息可以做出快速反应。

（5）智能供应链受需求驱动，强调供应链上各个企业之间的信息共享与互动协同，真正实现了通过消费者和市场需求指导前端研发、生产，加快供应链的快速反应能力，形成智能供应链。

五、智能供应链的发展趋势

随着物联网、人工智能、大数据、区块链等现代化信息技术的快速发展，未来供应链将会被重塑。通过物联网实现万物互联，看到真实的供应链；通过大数据实现信息数据的整合，提高供应链数据决策能力；通过人工智能实现可视化、动态模拟供应链场景；通过大数据实现供应链可信任，提高供应链调节效率。

在这样的大背景下，智能供应链的发展趋势如图1-15所示。

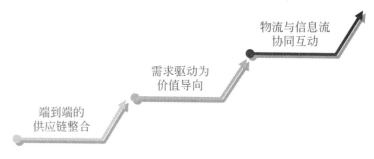

图1-15 智能供应链的发展趋势

1.端到端的供应链整合

随着传统制造业供应链结构中的设施、库存、运输、信息等要素进一步智能化，各要素协同驱动智能供应链的发展成为智能制造—智能供应链生态的重要引擎，供应链开始支撑企业建立核心竞争力。在这个过程中，智能供应链的发展态势展现出层次分明的阶段性迭代特征。

智能供应链受需求驱动，是终端需求计划驱动扩展的端到端供应链运作。智能供应链应强调与客户及供应商的信息分享和互动协同，真正实现通过需求感知形成需求计划，聚焦于横向流程端到端整合，并在此基础上形成智能供应链。

2.需求驱动为价值导向

智能供应链的思维方式必将是以点带面，强调全局性。未来的供应链运营不再是"头痛医头，脚痛医脚"式的救火模式，更多强调系统优化与全供应链的绩效，强调"牵一发而动全身"的完全协同性。

此外，未来的智能供应链战略还将使企业更加看重供应链过程的增值要求，更加重视基于全价值链的精益制造，更加强调以制造企业为切入点的平台功能。智能供应链从精益生产开始，拉动精益物流、精益采购、精益配送等各个环节。

3.物流与信息流协同互动

制造技术与管理技术在制造业转型升级的过程中共生共长，这其中，管理技术的核心是供应链计划，供应链计划形成的信息流和供应链执行形成的实物流共同构成智能供应链的价值。智能供应链成长路径离不开物流与信息流的协同互动。

未来物流的发展方向是"智能的、联通的、高柔性的、透明的、快速的和有效的"，物流活动需要满足全流程的数字化和网络化，而在这个过程中，信息化将起到决定性作用，尤其是大数据的应用。

供应链上的企业，尤其是链主企业，应该通过物联网、服务计算、云计算等信息计算与制造技术融合，构成智能供应链平台，实现软硬件制造资源和能力的全系统、全生命周期、全方位的感知、互联、决策、控制、执行和服务化，进而实现人、机、物、信息的集成、共享、协同与优化，最终形成生态圈。

第二章 智能供应链之构建管理

智能供应链管理实战手册

导言

如今,全球经济已进入供应链时代,企业与企业之间的竞争开始转化为企业所处的供应链与供应链之间的竞争。在智能制造环境下,构建智慧、高效的供应链,是制造企业在市场竞争中获得优势的关键。

一、构建智能供应链的意义

在互联网经济飞速发展、全球化经济趋于一体化、绿色可持续经济成为共识的当下,可以说,现在企业与企业之间的竞争已开始转化为企业所处的供应链与供应链之间的竞争,打造高效、协同、敏捷的供应链,是制造业在市场竞争中立足的关键,制造企业必须加强与供应商、分销商、零售商紧密协作,建立从原材料采购到产品分销的供应链集成,实现全程的信息透明、高效协同及可追溯,提升整个供应链快速反应能力,最终提升客户满意度。但长期以来,我国制造企业供应链管理水平与国外先进企业仍存在很大差距,面临着种种问题。企业供应链管理的内部问题主要如图2-1所示。

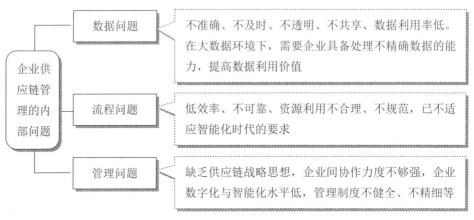

图2-1 企业供应链管理的内部问题

与内部问题相比,制造企业还面临着如图2-2所示的供应链外部问题,这些外部问题也会激发企业内部问题的产生。

图2-2 企业供应链管理的外部问题

随着传统制造业供应链活动中的采购、生产、存储、运输、信息传递等环节趋于智能化,各环节协同驱动着供应链朝着更加智慧的方向迈进,智能供应链也成为推动企业由传统制造向智能制造发展的重要引擎,供应链开始支撑企业建立核心竞争力。由此,构建智能的供应链体系对于企业战略决策以及未来规划有着极其重要的意义。具体如图2-3所示。

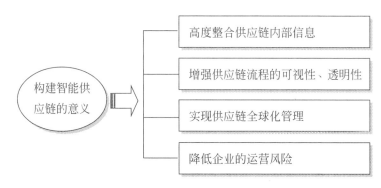

图2-3 构建智能供应链的意义

1.高度整合供应链内部信息

传统供应链内部成员之间的信息交流是基于存在直接的供应和需求关系的企业之间的。在实际的交流过程中,信息流往往会由于不同企业采用的不统一的信息标准系统而导致无法正常流通,使得供应链内部信息无法自由流通和共享。相比之下,智能供应链依托智能化信息技术的集成,能够采用有效方式解决各系统之间的异构性问题,从而实现供应链内部企业之间的信息共享,保证信息流无障碍地流通在供应链的各个动脉和静脉组织,提高信息流的运转效率和共享性。

2.增强供应链流程的可视性、透明性

传统供应链环境下,上下游企业之间缺乏有效的信息共享机制和实现方式,整个供应链是不可视的。由于供应链的不可视性,供应链中上下游企业无法对产品的供产销过程实现全面的了解,仅从自身流程和业务,以比较单一的成本因素考虑如何选择供应商和销售商。这样就无法实现供应链内部企业的一致性和协作性,更不能形成良好稳定的合作关系,导致供应链竞争力低下。而拥有良好可视化技术的智慧型供应链,能够实现企业之间的信息充分共享,对自身和外部环境增强反应的敏捷性,企业管理者能够依据掌握的全面的产品信息和供应链运作信息,正确做出判断和决策,组织好切合市场需要的生产,实现有序生产管理。

3.实现供应链全球化管理

智慧型供应链具有良好的延展性,它不仅能保证供应链在全球实现扩展,还能防止供应链在全球化扩展的情况下效率降低问题。信息交流和沟通方式在传统供应链下是点对点、一对一的,但随着供应链层级的增加和范围扩展,这种传递

方式难以应对更加复杂的信息轰炸。智能供应链依据自身对信息的整合和有效的可视化特点，可以打破各成员间的信息沟通障碍，不受传统信息交流方式的影响，能够高效处理来自供应链内部横向和纵向的信息，实现全球化管理。

4. 降低企业的运营风险

智慧型供应链所具有的信息整合性、可视性、可延展性等特点，使得供应链内部企业能够实时、准确地通过了解供应链中各环节企业的生产、销售、库存情况，保证和上下游企业的协作，避免传统供应链由于不合作导致的缺货问题。因此，智能供应链能够从全局和整体角度将破坏合作的运营风险降到最低。

二、构建智能供应链的信息技术

随着互联网、物联网、云计算、大数据等技术的飞速发展，新的技术为实现智能供应链管理提供了清晰的思路，从而推动供应链管理逐渐向可视化、智能化、自动化、集成化和云化的方向发展。

1. 常用技术

通常在供应链中会用到图2-4所示的这些技术。

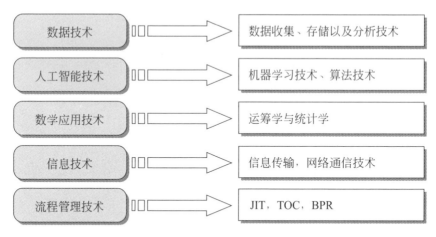

图2-4　供应链管理的常用技术

在智慧供应链时代，制造企业需要实现物流与信息流的统一，企业内部的采购、生产、销售流程都伴随着物料的流动，因此，越来越多的制造企业开始重视物流自动化，自动化立体仓库、无人引导小车（AGV）、智能吊挂系统在制造企业得到了广泛的应用；而在制造企业和物流企业的仓储与配送环节，智能分拣系统、堆垛机器人、自动轨道系统的应用日趋普及。WMS（Warehouse Management

System,仓储管理系统)和TMS(Transport Management System,运输管理系统)也受到制造企业和物流企业的普遍关注。

2.关键技术

实现智能供应链的关键技术还包括自动识别技术,例如RFID或条码、GIS/GPS定位、电子商务、EDI(电子数据交换),以及供应链协同计划与优化技术等。

其中,EDI技术是企业间信息集成(B2B Integration)的必备手段,EDI技术最重要的价值,就是可以实现供应链上下游企业之间,通过信息系统之间的通信,实现整个交易过程无需人工干预,而且不可抵赖。历经多年发展,主流的EDI技术已经是基于互联网来传输数据,而我国很多大型企业建立的供应商门户,实际上只是一种Web EDI,不能够与供应商的信息系统集成,供应商只能手工查询。

供应链协同计划与优化是智能供应链最核心的技术,可以实现供应链同步化,真正消除供应链的牛鞭效应,帮助企业及时应对市场波动。目前,虽然部分供应链已实现了信息的交互及业务上的协同,但是这种所谓的协同并没有智能的成分,仅仅是提高了人为决策的同步性和反应性,还谈不上真正智能。

三、构建智能供应链的切入点

智能供应链管理是一个复杂、动态、多变的过程,未来将更多地应用物联网、互联网、人工智能、大数据等新一代信息技术,更倾向于使用可视化(而不是此前精益生产通用的信息展示板)的手段来显示数据,采用移动化的手段来访问数据;也更重视人机系统的协调性,实现人性化的技术和管理系统。基于此,企业可从图2-5所示的切入点来构建智能供应链。

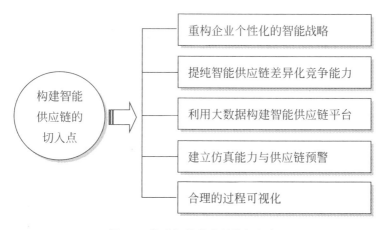

图2-5 构建智能供应链的切入点

1.重构企业个性化的智能战略

从政府而言,提供了企业构建智能制造、智能供应链的环境和大平台;从企业而言,不同的企业有不同的产品、服务方式和客户,体现不同的核心竞争力,所以,他们需要具有个性化的供应链发展方向,比如智慧化等级、优化的重心、产品的流转效率设计、客户服务的响应等级、不同环节的数据敏感度设定等。所以,不可能让所有的企业都盲目追求"一样的智能供应链",也就是说,未来的智能供应链只有趋势,没有定式。

既然如此,那么企业就必须由领导层授权提出能够支撑其核心竞争力的智能供应链发展战略,以引领其智能化迭代升级的有效路径,适时做出战略组织调整,之后才有采购策略、库存策略、制造策略、交付策略、成本策略等,然后在技术选择上做出精准的判断和导入,从而保证供应链运营目标、战略支撑、指标分解,达到最终的战略绩效。

> **小提示**
>
> 供应链智能战略是企业最首要的协同方向和准则,如果没有智能供应链战略引导,再好的规划也没有依据、没有落脚点、没有升级路径;什么是对的,什么是错的,也没有判断准则。

2.提纯智能供应链差异化竞争能力

随着产品和服务的个性化需求的不断具体化,不同产品具有不同的制造、流转方式,其经历的智能化环节也有所不同,那么企业势必要分析消费者需求、市场变化、产品/服务的模式的变化,从而提纯企业需要的智能供应链的差异化竞争能力。

3.利用大数据构建智能供应链平台

传统的供应链平台大部分都是链式而且断点、分散的,没有强调端到端的服务机制,无法保证有效的OTD(订单到交付);在广度上并没有思考合作伙伴的横向联系,所以订单也是单纯的以单个交付为目的,信息是零散的、单向的,而没有考虑多个订单的协同排序以及资源的同步利用和分配。

智能供应链平台需要将产品、客户、供应商、技术、服务、订单、物料、工厂、产能、库存、仓库、门店、计划等都整合到一起,服从和服务于企业供应链大数据的逻辑要求,从而保证供应链在运营过程中能够适时抓取标准—计划—执行之间的数据差异,然后进行自我反馈、自我补偿、自我优化和自我调整,形成智慧的行动。

4.建立仿真能力与供应链预警

由于供应链过程的复杂性，影响因素过多，传统供应链强调应急解决方案，优秀的供应链则更加强调具有过程瓶颈的早期识别和预警，从而进行自我调整和预防，避免紧急情况的出现。

一般而言，早期预警能力会采用流程模式。但是，智能化的供应链将采取仿真模式，针对任何一个特定的订单，率先在供应链平台系统中"跑"一遍，从虚拟订单流程开始全过程过一遍，在过程中快速发现瓶颈，提出预警，从而在生产之间解决瓶颈问题，保证供应链过程稳定、可靠，从而提供生产智能化的基础和可得性。

5.合理的过程可视化

传统的供应链过程也提倡可视化，但是主要表现在现场的打印、书写表单和指标标识，先进一点的用上了与软件联系的显示屏，但主要还是人工输入相关数据。这种可视化体现的数据特点是静态的，或者说是滞后的，无法实时显示供应链过程的动态变化，更无法体现数据之间的逻辑关系和联动、协同关系，其中很多还是无效数据。

而智能供应链不但需要将所有的有效数据显示出来，并且必须是同时、同一频率、同一事件、同一逻辑、可追溯地显示出来，同时不仅仅是给管理者（人）监控，更多的是形成自我分析、自我反馈、自我调整、自我优化的过程。此时，管理者更多的是"看"，而不是干涉，由此企业大数据管理也就水到渠成了。

此外，企业建设智能供应链还应注重图2-6所示的几个方面。

图2-6　建设智能供应链应注重的事项

智能供应链建设的挑战及未来路径

随着《中国制造2025》战略以及相关配套政策陆续出台，中国制造业正加速向智能制造转型升级，智能供应链建设也由此成为制造业升级发展的必然趋势。汽车、家电等多行业的领先企业在从"制造"向"智造"转型中，正努力构建智能供应链生态圈。

不过，目前从中国制造行业供应链系统构建的总体情况来看，对智能供应链认识不充分、缺少智能供应链战略、物流信息化水平低、信息孤岛大量存在、专业人才缺乏等问题依旧十分突出。只有解决这些问题，才能有效加快智能供应链系统的构建，推动智能制造尽快落地。

1. 提高对智能供应链的认识，强化供应链战略

与发达国家相比，我国制造行业供应链系统的建设仍处于探索阶段，基础薄弱；与此同时，广大企业对供应链的本质认识不深，只知道智能制造是大趋势，却不知为什么要这样做，也不知道如何落地，更不要说从智能供应链角度切入了。没有智能供应链战略，没有明确的价值方向引导，使得我国的制造企业们在面向智能制造时困难重重。

因此，面对智能制造，制造企业需要加深对智能供应链的理解，制定智能供应链发展战略，明确个性化的供应链发展方向，如智慧化等级、客户服务的响应等级、产品的流转效率等，引领企业生产向智能化迭代升级，保证企业运营发展目标的实现。

2. 建设智能物流系统，提高物流信息化水平

面对智能制造，整个智能供应链体系下的智能物流系统应该是智能化的物流装备、信息系统与生产工艺、制造技术与装备的紧密结合。不过目前来看，制造企业的物流系统建设落后于生产装备建设，物流作业仍处于手工或机械化阶段，物流信息化水平不高，距离物流自动化、智能化还有很长的路程。

面对这些情况，制造企业需要不断强化智能物流系统建设，加强物联网技术、人工智能技术、信息技术以及大数据、云计算等技术在物流系统中的应用，提高物流信息化水平，实现整个物流流程的自动化与智能化，为智能制造和智能供应链建设提供强有力的支撑。

3. 供应链上下游协同合作，打造智能供应链平台

智能供应链建设同样离不开供应链上下游企业的协同互动。当前，制造企业应该通过物联网、云计算等信息计算与制造技术融合，构建智能供应链平台，

实现与上下游企业的软硬件制造资源的全系统、全生命周期、全方位的联动，进而实现人、机、物、信息的集成、共享，最终形成智能供应链生态圈。

4.引进和培养专业的供应链人才

专业的供应链人才是智能制造和智能供应链系统构建的关键。然而目前，多数制造企业不注重供应链人才的培养，很难具备充足的专业人才。

今后，企业的供应链系统建设需着重从人才建设角度出发，一方面，对现有的员工进行培训，使其掌握现代供应链系统构建的方法和知识，为供应链系统的构建提供保障；另一方面，要与各高校及科研院所进行深入合作，形成产学研用一体化的人才培养和引进模式，为智能供应链系统的构建注入新鲜血液。

总之，智能制造需要制造企业供应链具备更智慧的能力，也对供应链体系里的物流系统提出更智能的需求。在这种大趋势下，制造企业需要与供应链上下游深度协同合作，加强互联互通，加快智能供应链建设步伐，不断完善企业的智能物流系统，切实推动中国制造向智能制造转型升级。

四、构建智能供应链的途径

智能供应链是基于信息、智能技术实现智能化、网络化、协同化、集成化、自动化的技术与管理综合集成系统。对此，企业可按图2-7所示的途径来构建智能供应链。

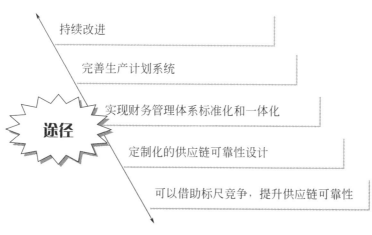

图2-7 构建智能供应链的途径

1. 持续改进

企业获得利润所依靠的载体是源于产品的持续改进。然而，在智能供应链的大环境下，企业要实现产品持续改进，必须借助产品生命周期管理（PLM）方面的信息化技术，来增强产品的数据集成性和协同性。建立集成的产品研发、生产计划及执行的业务流程，实现产品研发管理集中化，并控制生产工艺，制定合理的生产标准，并在不同生产基地实施，增强供应链成员在集成技术下的一致性和协同性。

2. 完善生产计划系统

作为供应链的成员，企业需要从整体出发，努力构建完整的生产计划管理系统，使不同产品能够与相适应的计划模式、物料需求及配送模式进行匹配，从而拉动物料需求计划。实现ERP系统与SCM系统完美对接，增强销售过程的可视化和规范化，营造涵盖客户交易执行流程与监控的平台，动态控制过程，及时掌握相关重要信息，以便对可能出现的问题进行预测。

3. 实现财务管理体系标准化和一体化

在现代企业管理制度中，标准化管理是提升企业核心竞争力的重要手段之一。财务管理工作历来是企业管理的核心，更需要标准化。处于供应链中的成员，迫切需要建立标准化的财务管理。在日常工作中，供应链中的企业可以通过查看财务数据来及时了解企业的运营信息。在具体实现过程中，企业需要利用ERP系统来实现企业财务业务的一体化，从传统记账财务业务分析转向价值创造财务分析。在成功实施ERP后，可以构建基于数据仓库平台数据分析及商业智能应用。通过财务管理的标准化和统一化，增强供应链的可视性和共享性。

4. 定制化的供应链可靠性设计

供应链管理也被称为需求管理，其中的一大难题是——不断扩大的客户需求。在智能供应链管理下，企业能与客户保持紧密关系，形成良好的互动机制。在智能供应链中，客户将被视为供应链系统难以分割的一部分。作为供应链管理人员，一方面，应设身处地地站在客户角度来思考问题，以客户需求为根本，融入供应链管理；另一方面，应激励客户参与供应链系统设计、运行和管理。智能供应链着眼在整个产品生命周期都与客户紧密联系。通过大量的信息交互，智能供应链对客户进行细分，为客户提供定制化服务。

从供应链可靠性角度来看，客户需求是一种需要关注与整合的资源，合理利用客户需求将有助于平衡供求关系，从而确保供应链系统的供应可靠性；从客户角度来看，可以通过参与供应链的设计、运行和管理，从而改善自己的购买方式，购买切合自身需求的产品。但是客户对于服务标准要求是不一样的，智慧型供应链管理需依据不同标准合理区分顾客，提供可靠的个性化服务解决方案。

5.可以借助标尺竞争，提升供应链可靠性

通过引入相同类型的企业，并以此作为参照对象，需要监管企业成本和资金投入分别由类型相同企业的成本和资金投入决定是标尺竞争的核心思想。处在标尺竞争的监管情况下，价格很大程度上取决于同类企业的成本。

智能供应链通过合理引入标尺竞争，供应链管理者就不用了解各成员企业的成本与投入具体信息。这样可以有效地减少监管机构对被监管成员企业的信息依赖问题，也解决了信息不对称情况下的监管问题。对价格实行价格上限监管方式，服务可靠性监管从供应可靠度与产品合格率两方面进行控制，促使成员企业依据"标尺"提高各自的服务可靠性，提升供应链整体可靠性。

五、智能供应链的落地策略

智慧供应链的创新发展，将根本改变现代企业的运作方式，推动整个制造业发生重构与迭代，对此，企业可按图2-8所示的策略来实现智能供应链的落地。

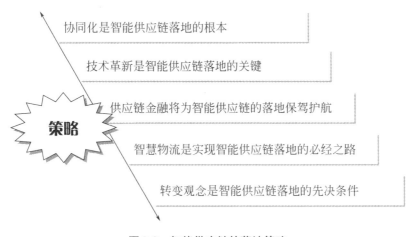

图2-8　智能供应链的落地策略

1.协同化是智能供应链落地的根本

所谓协同，即打破层层壁垒，提升核心企业与上下游企业合作的效率和水平。

比如，丰田的准时化打破了企业与供应商的沟通壁垒，实现了与供应商的同步计划与制造能力；戴尔的直销打破了企业与客户的沟通壁垒，实现了客户需求的精准预测和满足能力；ZARA的极速供应链打破了服装企业与时尚对接的时间

壁垒，实现了潮流变化与快速制造的完美结合；亚马逊的智慧物流打破了线上线下的流通壁垒，通过海量信息处理与先进物流的结合满足了多样化的长尾客户需求；UPS的供应链金融打破了现金拥有者与使用者的资源壁垒，通过资金和资源的合理调配，实现智能供应链的平安落地。

2. 技术革新是智能供应链落地的关键

从目前中国的供应链角度来看，最棘手的问题之一就是企业各信息平台的信息端口的不一致，极大地降低了数据的传递效率，增加了供应链的信息安全隐患。因此创新信息传递技术，统一信息接口，是推动智能供应链安稳落地的重要抓手。

3. 供应链金融将为智能供应链的落地保驾护航

传统供应链金融业务的不足主要体现在授信不足和不良资产处置乏力等方面。近年来B2B平台和垂直行业SaaS（软件即服务）如雨后春笋，如若供应链金融能够借力B2B或许是解决当前难题的有力途径。"做专，做强"，供应链金融跨行业难度系数极高，所以在一个行业进行深入挖掘是助力当前中国供应链金融站稳脚跟的明智选择。

4. 智慧物流是实现智能供应链落地的必经之路

智慧物流可以打通整个供应链链条，在运输的过程中可以将信息全面地记录下来，还可以实现运输的总成本最低，这个数据可以返回给供应链环节上的每一个使用者，这样数据的共享就产生了价值的创造。智慧物流可以有效地缩短供应链的反应时间，提高供应链的反应能力，增加智能供应链的抗风险能力和柔性机制，智慧物流是整个供应链链条降本增效的必要手段。智慧物流能大大降低供应链上各个企业的成本，提高企业的利润，供应链上的各个企业通过智慧物流相互协作，信息共享，物流企业便能更节省成本。

> **小提示**
>
> 智慧物流是所有行业普遍的、共享的，所以一定是协同的、智能的，是智能供应链下的产物，是各个行业所必须的。

5. 转变观念是智能供应链落地的先决条件

从观念角度来看，目前中国大部分供应链上的企业主体之间仍然心存芥蒂，企业间的合作仅仅停留在利益需求层面。"市场上只有供应链而没有企业"，华为、海尔等大型国产企业已深谙供应链之道，也因此而获利匪浅。我国中小型企业占市场份额的90%左右，是中国经济发展的中流砥柱，从在市场上单打独斗转变为集合成企业"狼群",形成一条强大的供应网络,是在市场竞争中得以生存的唯一途径。

六、传统企业转型智能供应链的战略

在"工业4.0"的时代背景下,消费者被突如其来的巨大信息量所赋能,消费者的需求变得越来越个性化,对产品的期望越来越高,产品的研发和生产都变得更加灵活,这对传统制造企业提出很大的挑战。传统制造企业可从图2-9所示的几个方面来改变自身的智能供应链策略,从而满足更加柔性的产品需求,实现自身智能供应链的转型。

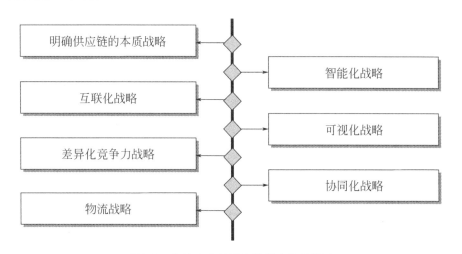

图2-9　传统企业转型智能供应链的战略

1.明确供应链的本质战略

供应链的本质是以最快的速度响应客户的需求,提供高质量的产品和服务,提高客户满意度。对于制造企业来说要以最低的成本精准精确地生产出质量最高的产品。"工业4.0"概念的提出,大数据、云计算、区块链等新技术的赋能以及新商业模式的变革,客户个性化需求的改变,使企业面对突如其来的巨大能量通常变得束手无策,过分地追求新趋势而忽视了企业本质的制造。对于一个制造企业来说,生产出符合客户体验式感觉的产品是至关重要的。

2.智能化战略

企业应结合自身的实际情况制定相应的智能化战略,每个企业有不同的产品、服务以及客户群体,相应的核心竞争力存在比较大的差异。所以企业需要根据个性化的客户需求设定不同的、敏捷的、个性化的智能供应链战略，例如产品的外在设计、客户服务的响应时间、产品的制造流程的优化。所有的企业不可能追求"一样的智能供应链"，智能供应链是一个趋势，并没有准确的标准定义。

企业应该结合自身的核心竞争力以及企业的战略发展方向，结合产品的发展趋势以及客户的个性化需求趋势，制定具有前瞻性的能够支撑企业长远发展的智能供应链的智能化战略。根据市场的发展制定可以不断调整的柔性智能化战略，支撑其采购、库存、制造、成本、物流等稳定运转，从而支撑智能供应链的智能化战略稳健实施。

3. 互联化战略

智能供应链比传统的供应链更加互联，供应链上的企业、产品、技术、服务、订单、物流、库存、预测、计划、供应商、零售商、客户等是紧密联系在一起的。数据只有连接起来才是有价值的，我们把所有的产品和事物都赋予标签和编号，但是没有大数据将其连接成为一个网络，它也是无用的。连接起来的网络化的数据才是智慧的、能发挥最大价值的。智能供应链结合大数据、物联网、区块链等新技术能实现网状的、协同的、紧密的合作伙伴关系，实现智能供应链的自我调节、自我反馈、自我预测的智能供应链决策。

4. 可视化战略

物联网的快速发展，现在我们已经进入到万物互联的时代，物联网和大数据的有效结合，使供应链可以将所有的数据实时地、共享地、可追溯地、有效地显示出来，供应链上的每个环节都可以实现可视化的操作，帮助管理者更好地去分析、调整、优化现有的供应链结构，通过实时动态的数据共享，可以实时分析数据之间的逻辑关系、协同性等，为柔性的、智慧的供应链战略提供良好的指引。

5. 差异化竞争力战略

随着社会的发展、商业模式的变迁，消费者被越来越多的信息赋能，消费者的需求也逐渐升级，消费者的个人品位转为注重体验和更加健康的选择。随着消费者需求的变化，产品及服务的个性化不断被具体化，不同的产品具有不同的研发设计、制作环节、流通方式以及销售方式。企业应该分析消费者的需求、产品和服务的市场演变趋势，根据企业的实际情况，打造柔性化的智能供应链的差异化的核心竞争力。

6. 协同化战略

智能供应链主要受末端消费者和市场需求的驱动，是末端需求驱动供应链前端的运作。智能供应链可以快速地将消费者的实时消费信息快速地共享到零售商、分销商、制造企业等，有效地降低供应链的反应时间，以更快的反应速度提高消费者的体验和消费者满意度。信息的协同化战略可以有效地实现通过终端的需求形成一个需求预测计划，聚焦于供应链各个环节的整合。

协同化战略可以有效改变传统供应链的信息孤岛、片面性思考、"头痛医头，脚痛医脚"的短浅的模式。真正实现智能供应链的以点带面、全局发展的战略性发展，实现供应链上所有环节的信息、物流、技术、需求等完全的协同性。

7. 物流战略

智能供应链实现的基础是物流，从产前、产中到产后销售物流都处于一个不可替代的重要作用。没有详尽的物流计划对原材料的进货进行保证，将导致整个企业的生产、库存、销售等处于非常混乱的不可控状态，对企业造成一些损失。

现代化的物流技术和物流设备对提高企业效率和降低企业运营成本以及提高顾客满意度有十分重要的作用。智能供应链可以有效降低供应链的反应时间，而物流可以加快智能供应链实现这一目标，更好地为顾客服务。

工业4.0时代的到来，时代的颠覆性力量使很多企业无从下手，如何在时代浪潮下立于不败之地，化颠覆为机遇，是每个制造企业迫切追求的发展之道。智能供应链可以有效地帮助制造企业快速地走在时代前沿。

相关链接

"互联网+"重塑供应链管理新模式

互联网不仅深刻改变了人们的消费习惯，还催生出商业模式和管理方式的变革，对传统企业形成冲击。从供应链管理的角度来看，传统的工业化思维是批量生产，追求低成本运作，再从不同的渠道影响终端消费者；而互联网技术倒逼企业从B2B模式向C2B的个性化模式转变。供应链逐渐将需求驱动的概念，扩展为如何与客户互动，做到深入地理解并服务客户。

1. 互联网化的供应商关系管理

企业与供应商之间形成了互动的关系。首先，依据互联网化的供应商关系管理对企业的需求产品和供应商进行界定；其次，明确对供应商的信息化标准要求和双方信息沟通标准，特别关注关键性材料资源供应商的信息化设施和平台情况。传统的供应商遴选标准+分类信息标准是优化供应商关系管理的基础。

2. 互联网化的生产管理

从生产过程看，通过利用互联网，工业企业生产分工更加专业和深入，协同制造成为重要的生产模式。平台化的组织方式有利于促进机器运行、车间配送、企业生产、市场需求之间的实时信息交互，使得原材料供应、零部件生产、产品组装等变得更加精准协同。除原有的产能、质量、交货等条件外，增添对其生产计划管理系统和信息基础建设的选择标准，保证日后便于开展互联网化运行和监控，即时响应市场、需求的变动。

3. 互联网化的库存管理

库存问题成为众多企业关注的焦点问题之一。利用互联网平台的采购模式，都要求必然有全面的数据库作为支持。企业领导人可以方便了解每一种产品的价格、数量、库存情况、订单的执行情况、资金的使用情况以及供应商情况等各种信息，能够对采购过程中出现的问题快速反应。在互联网模式下进行采购，企业与供应商的信息沟通更加方便、准确、及时，交易双方可以随时了解对方需求，也可以在第一时间与对方分享采购信息。所以，供应商便可快速响应企业需求，企业则可实现准时化采购，实现由"为库存而采购"转变为"为订单而采购"。

4. 互联网化的物流运输

随着电子商务规模化爆发式增长，传统物流模式成为阻碍供应链短平快价值转换的罪魁祸首。平台化物流提供通关、金融、物流、退税、服务等全球化综合供应链服务，这种模式会逐渐挤压掉传统零售购物商城、仓储式大卖场模式，随着个体消费体验的改善和新生活习惯的演变，未来能够提供综合物流服务的平台将逐步替代传统的仓储、配送中心、商品集散地、百货购物中心。

5. 互联网化的需求预测

发展为互联网化的企业，必然面对全球性的客户和竞争，必须根据市场变动、需求预测做相应的变革。大数据将依托互联网搜索引擎、社交媒体用户信息，结合位置LBS服务，将客户的真实需求进行预测，提供给供应链更加真实合理的需求。这与传统的BI、商业智能有本质的不同，大数据不仅对量化的数据统计分析，也对非结构化的数据进行追踪，利用语义数据进行文本分析、机器学习和同义词挖掘等，实现真正意义上的知识管理。

从供应链管理看，网络化成为产业链上下游协作的新趋势。供应链集成创新应用，使每个企业都演化成信息物理系统的一个端点，每个端点都有其存在的价值和意义。

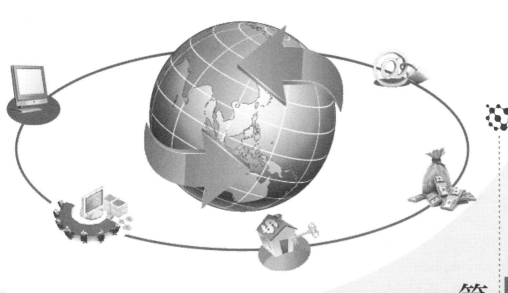

第三章 智能供应链之采购管理

智能供应链管理实战手册

 导言

采购是整体供应链管理中"上游控制"的主导力量,以及与供应链其他环节密切配合的协同推手。采购管理是供应链管理中的重要一环,是实施供应链管理的基础。

一、采购管理的认知

采购通俗来说就是买东西,是企业根据需求提出的采购计划,并审核计划,确定备选供应商,经过与供应商进行商务谈判,进一步确定供应商、产品价格、交货方式及条件,最终签订采购合同(订单),双方履行合同义务的一个过程。这个产品除了我们通常熟悉的普通商品外,还可以是工程项目、知识产权、有偿服务等。

> **小提示**
>
> 采购从广义上来说,除了指以购买的方式占有物品外,也可以通过其他途径,例如租赁、借贷和交换等方式取得物品的使用权。

采购管理指的是对采购过程进行计划、组织、协调和控制的一种艺术,包括维系与供应商的良好关系,企业内部以及企业与供应商之间持续改进的采购过程。

> **采购与供应链的关系**
>
> 采购既是企业内部供应链的起点,也是与外部供应链相联系的节点,企业通过采购与其上游供应商确立关系,经过询价议价、下达订单、过程管理、来料验收等采购基础工作,采购还要与供应商建立并维护良好的合作关系,保障产品或服务的及时、准确供应。因此,采购是整体供应链管理中"上游控制"的主导力量,以及与供应链其他环节密切配合的协同推手。具体来说,采购管理与供应链管理的关系如下。
>
> 1.采购管理是供应链管理的基本环节
>
> 在供应链管理中,采购版块是关系企业生产经营能否顺利执行的关键性因素。在企业供应链管理的理念中,其操作内容由以下两个方向组成:一是企业内部之间的供应链管理;二是不同企业之间的供应链管理。因此,采购管理是供应链管理模式中的基本环节,是其他生产经营活动赖以执行的基础。
>
> 在供应链管理模式下,采购管理从单纯的意向性采购向企业生产经营全过程管理采购转变。传统意义中,采购管理体现的是一种职能,而供应链管理中,采购管理体现的是一种企业优化资源配置的战略。

2.采购管理是供应链管理的战略方向

在现代企业的生产组织行为中，采购管理不等同于传统意义的采购安排，而是企业有目的、有导向的供应链渠道协调。因而，供应链管理中的采购模块要从企业的经营战略出发，并进行战术性的管理方向调整。这样的组织化操作使得供应链管理下的采购管理本身就具有优化企业生产安排的目的。

从采购管理的战术性安排上来讲，供应链管理可以从企业经营全过程的需要进行有效的资源性内容协调。因此，降低成本、提高效率就成为采购管理最实际的工作需求。

3.采购管理是供应链管理的主导力量

为了实现供应链利益最大化和企业间利益的双赢，供应链关系强调信息共享以及建立战略伙伴关系。采购在供应链关系中扮演了不可或缺的作用。任何企业的最终目的都是为了满足客户的需求并获得最大的利润，企业要获取较大的利润需要采取很多措施，如降低管理费用、提高工作效率、加快物料和信息的流动、提高生产效率、缩减交货周期、降低库存量等，因此，企业可充分发挥采购"上游控制"主导力量的作用，选择恰当的供应商，同时将供应商纳入自身的生产经营过程，将采购及供应商的活动看作是自身供应链的一个有机组成，形成合作伙伴关系，进一步实现信息共享策略。

4.采购管理是供应链管理体系建立的网络结构组成

供应链管理贯穿于企业生产经营的全过程，并由相关的目标模块进行连接。对于企业来说，这就是各项功能组织模块的网状式布局和健全的过程。对于中间层企业来说，采购管理是上游企业的产品终结，但却是中间层企业生产的基础。一旦中间层企业的生产进行有序的执行之后，其下游的需求企业才会得到最基本的采购管理。

随着经济全球一体化的发展，供应链管理能够更好地协调生产经营企业各种资源的需求，并为下游企业提供必要的产品、服务支持。因此，基于供应链网络体系结构的采购驱动和协同管理是十分必要的。

二、采购战略的制定

采购战略，英文翻译为Procurement Strategy或者是Purchasing Strategy，它隶属于企业的供应链战略，并最终服务于企业的顶层战略，它为企业的采购组织提供具有指导性、全局性、长期性的纲领和规划。如图3-1所示。

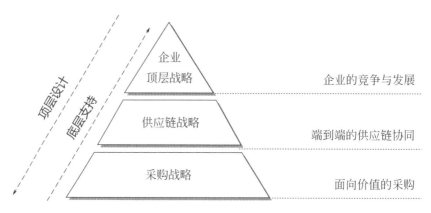

图3-1 采购战略的涵义

在目前的企业采购中,采购的战略地位并没有得到重视。大多数企业采用的一般采购流程就是生产部门根据生产的需要填写申购单,然后由行政部门审批后,交给采购部门。采购部门的责任就是根据申购单上填写的内容,去找供应商。日常工作中采购部门的任务就是等待生产部门和其他物资需求部门的申购单,然后再到市场上去寻找。目前的市场对于大部分商品来说是买方市场。因而从常规状态下来看,采购部门的工作非常轻松,所以在国内很多公司,对于采购部门的重视程度远不如销售等其他部门。总认为采购部门是一个花钱的部门,采购工作很容易,在这样的背景下,重视采购战略的企业很少。

采购的作用真的如此不重要吗?其实不然,虽然采购成本在不同行业中的比例是不同的,但总体来说,采购成本是非常高的。根据有关数据统计,降低1%的采购成本相当于增加10%的销售额。而把销售额增加10%,对于一个成熟的市场来说,是很难的事情。但把采购成本降低1%,对于目前社会平均采购水平来说,是比较容易做到的。这就要求企业把采购管理提升到战略的高度,制定对应的采购战略。

构思采购战略,需要从图3-2所示的六个方面进行。

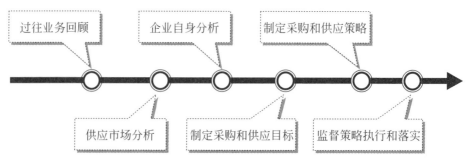

图3-2 构思采购战略的步骤

1.过往业务回顾

在业务回顾和总结中,需要包括你在过去一年中采购工作所取得的成绩以及不足之处。

(1)对采购额、数量、品类、成本节约等做趋势分析、归因分析,可通过如图3-3所示的柱状图、曲线图、饼图、面积图等呈现出来,能够比较清晰地看出趋势和变化。

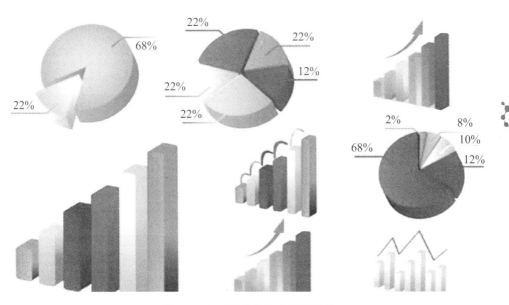

图3-3 各种呈现趋势分析的图形

(2)对质量、交付、成本、技术、工程等供应商绩效分析。除了在纵向上对某供应商的出货数量、金额、成本情况做出分析外,还需要将供应商在不同维度进行横向比较和分析。包括质量绩效、准时交付绩效、技术能力、工程能力、成本差异做出横向的比较分析,按月或按季度,用柱图和曲线得出结论,哪个供应商绩效最佳?哪个供应商最差?

(3)罗列出过去一年所发生的重大事故,以及对公司而言是里程碑式的重大成就。

(4)对目标与计划达成的Gap(差异)进行分析。年初制定的计划与实际结果总是有差异,可能更好可能更糟。不管是好还是糟,都需要找出真正的原因,是否可以避免下次再犯或者向公司高层做出合理解释。

2.供应市场分析

正如市场销售对目标市场进行市场和需求分析一样,采购也同样需要对上游供应市场做出详细而精准的分析。

在对供应市场进行分析时,需要对行业、现状、品类和风险进行分析,同时还要考虑到这个供应市场中的供应商、客户、竞争对手、替代者等,如图3-4所示。

图3-4 对供应市场分析应考虑的因素

(1)行业分析。作为采购,最根本的问题,就是解决供应和交付问题,同时帮助企业省钱以增加企业利润;除了省钱,还得构建采购的竞争优势,不仅要解决当下的问题,还得想办法在未来打败竞争对手,通过战略采购和采购战略,通过供应链的竞争优势赢得市场。因此,企业在构思采购战略时,就要对供应市场的外部环境进行分析。通常,在分析外部宏观环境时会采取图3-5所示的PEST分析模型来进行分析。

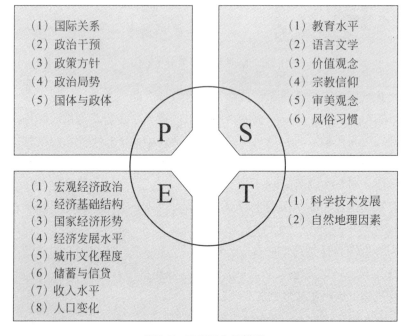

图3-5 PEST分析模型

企业通过对宏观环境的分析，可以找到哪些因素对战略目标和战略制定产生影响，从而制定出适合本企业的采购战略。

竞争分析。企业在进行市场竞争分析时，可以采取图3-6所示波特五力模型来操作。

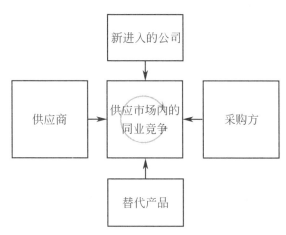

图3-6　波特五力模型

通过这五种竞争力量的分析，可以得出：哪些力量在发生作用？哪些驱动因素对这一细分市场的供应商影响最大？这一市场上的成功竞争对手具备怎样的特点？如何令供应市场动态为我所用？

（2）现状分析。供应市场现状分析包括供求关系分析和供需平衡分析两个方面。

① 供求关系分析。任何企业可能既是供应方又是需求方，不论作为供应方还是需求方，都需要做表3-1所示的分析。

表3-1　供求关系分析

项目	供应方（Supplier）	需求方（Buyer）
现状	（1）厂家数量和盈利状况（是否亏损） （2）竞争状况 （3）业界总产能	（1）大客户状况，各家需求如何 （2）新客户的需求状况 （3）估算总需求量
外部因素	（1）大经济形势（发展/萧条）的客户变化、供应变化 （2）供/需方策略变更导致供应/需求变化 （3）技术因素：升级，颠覆，或者淘汰 （4）被动要因：劳动力流失或其他灾害等	
未来趋势	（1）供应/需求趋势，扩产还是维持，还是减少 （2）关、停、并、转对产能影响 （3）技术走势，供需双方的变更迭代节奏是否匹配 （4）供需导致的价格趋势	

② 供需平衡分析。企业通过供需平衡分析，需要得出：是否存在总量失衡？总量失衡是属于供不应求，还是供大于求？是否存在结构性失衡，哪些物料供大于求，哪些物料供小于求？资源获取和需求匹配关系分析，以时间轴为基准进行判断，给出预测状况。市场供求变动因素研究。

如图3-7所示的是××企业对市场进行的供需平衡分析结果。

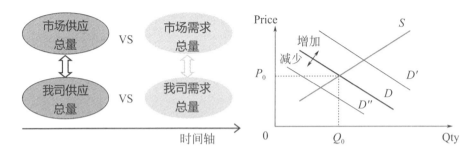

图3-7　××企业对市场供需平衡分析

（3）供应商分析。对供应商的分析包括以下三个方面。

① 市场占有率分析。如图3-8所示的是××企业对供应商的市场份额占有率分析。

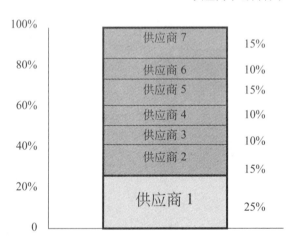

图3-8　××企业对供应商的市场占有率分析

通过图3-8的分析，可以发现主要供应商、市场前三名或前五名，并根据份额的变化判断市场走势。

市场越集中，供应商的议价能力越强。供应商份额升降表明供应商业绩、市场策略调整，是选择主流合作伙伴的重要参考。

② 供应商利润和合作关系分析。如图3-9所示的是××企业对供应商的利润分析。

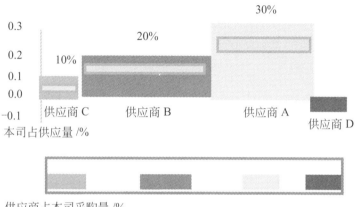

图3-9 ××企业对供应商的利润分析

通过图3-9的分析，可以识别出高利润供应商，作为谈判空间参考；同时需要留心财务业绩低于平均水平的供应商，制订风险计划，甚至避开合作。找到自己企业与这些行业领导者之间的关系，如自己企业占这些供应商的份额（数量和金额）；这些供应商占自己企业供应商池里的份额（数量和金额），对未来的合作做出基本判断。

③ 现有供应商的分析。企业可按表3-2所示的方法对现有供应商进行分析。

表3-2 现有供应商分析法

项目	供应商A	供应商B	供应商C
规模			
国际化程度			
研发和工程			
市场地位			
主营产品			
价格和利润			
质量控制			
主要客户			
资源可获取性			
合作意愿			

通过对现有供应商池中供应商的优劣势分析，可以找出哪些供应商可以为我所用，哪个供应商可以建立战略联盟，哪个供应商要防范或淘汰。

如果现有供应商池是零散的、多而杂、小的低成本供应商，需要对供应商体系做出梳理，梳理出少而精的优质供应商，这样对企业来说，具有图3-10所示的好处。

好处一	建立少数长期战略合作供应商，以增强合作关系和凝聚力
好处二	集中采购，获得更多的议价权
好处三	更好更精细地管理供应商和控制质量标准

图3-10 梳理供应商体系的好处

（4）竞争对手分析。找出最直接的竞争对手，即在最终市场与你直面相争的企业，进行以下分析。

① 竞争对手的市场地位。竞争对手是跟你旗鼓相当，还是力量悬殊？
② 竞争对手的供应商选择和合作策略。可以参考使用或者避开防范。
③ 竞争对手的采购供应（保障）策略。

> **小提示**
>
> 直面竞争对手，针对竞争对手的策略，制定出防范或抑制方案，牵制其资源的获取。同时，对标行业领导者的采购供应策略，采取紧密跟随策略。

（5）替代者分析。对替代者的分析应包括图3-11所示的内容。

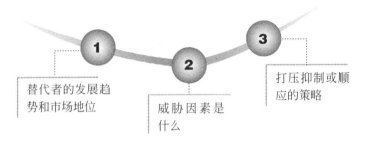

图3-11 对替代者分析的内容

（6）品类分析。对采购产品或服务做归类分析，可以按照产品或服务的具体使用功能来分类，对于物料也可以根据器件的功能来加以区分和归类。

① ABC分类法。将BOM（物料清单）和对应的成本打开，成本=用量×单价。其中，累计成本占总成本的80%的物料划分为A类库存；累计成本占总成本15%的物料划分为B类库存；累计成本占总成本5%的物料划分为C类库存。

> **小提示**
>
> 字母A、B和C代表不同的分类且其重要性递减，选用这三个字母并没有特别的意义。ABC分类法常常用于库存管理。

② 按交期分类。按照物料不同的长短交期进行物料分类，通常用于采购管理。

③ 按资源可获取性的难易程度分类。按独家供应（Single Source）、关键物料（Key Components）、策略器件（Strategic Parts）来进行分类，这种分类通常用于战略寻源。

（7）风险分析。确定减少的成本收益权衡方案和决定采取的行动计划（包括决定不采取任何行动）的过程称为风险管理。风险管理包括风险识别、风险分析、风险应对和风险监控这四个方面的内容，如图3-12所示。

风险识别	风险管理必须识别风险。风险识别是确定何种风险可能会对企业产生影响，最重要的是量化不确定性的程度和每个风险可能造成损失的程度
风险分析	风险分析即评估已识别风险可能的后果及影响的过程。风险分析可以选择定性分析或者定量分析方法，进一步确定已识别风险对企业的影响，并依据其影响对风险进行排序，确定关键风险项，并指导风险应对计划的制订
风险应对	风险管理要着眼于风险控制，公司通常采用积极的措施来控制风险。通过降低其损失发生的概率，缩小其损失程度来达到控制目的
风险监控	风险管理要学会规避风险。在既定目标不变的情况下，改变方案的实施路径，从根本上消除特定的风险因素

图3-12 风险管理的内容

> **小提示**
>
> 控制风险的最有效方法就是制定切实可行的应急方案,编制多个备选的方案,最大限度地对企业所面临的风险做好充分的准备。当风险发生后,按照预先的方案实施,可将损失控制在最低限度。

3.企业自身分析

采购部门与其他部门合作时,可能会有不少问题。此时,采购部门需要从内部各合作部门搜集到大家的诉求,辨认识别出公认的痛点问题。对此,企业可采取如图3-13所示的SWOT分析法来进行企业自身分析。

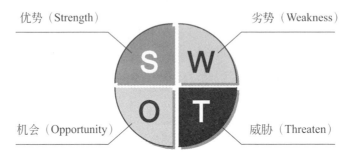

图3-13　SWOT分析法

企业通过SWOT分析法对自身进行分析的目的是要解决以下问题。

(1)搜集内部诉求和痛点问题。

(2)最终客户的主要需求是什么。

(3)未来目标市场发展趋势是什么。

(4)公司的经营目标是什么。

(5)公司的战略机会在哪里。

通过内部的检视和详细分析,对照企业战略,确定采购和供应链如何协同实现企业战略的方法。如图3-14所示的是××企业对自身做出的SWOT分析。

4.制定采购和供应目标

"以终为始,以始为终"。采购千万不要忘记自己的使命,一定是帮助公司实现公司的经营目标和战略目标。对照公司的中长期经营目标和对采购的要求,制定出采购和供应链管理部门的近期、中期和远期目标。包括图3-15所示的内容。

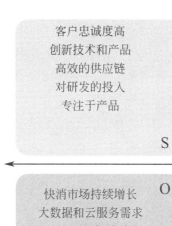

图3-14 ××企业自身SWOT分析

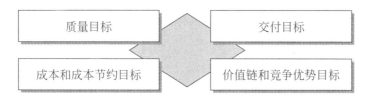

图3-15 采购和供应目标应包含的内容

（1）质量目标。为保证企业采购目标达成，企业应将采购工作指标量化公开，引导采购部全体员工在日常工作中为实现采购目标而认真、负责、努力工作，提高供应商所供产品和服务质量，促进供需双方共同发展。

（2）成本和成本节约目标。采购目标是企业为维持正常运营对采购部门的工作要求。不过企业中的不同部门对采购工作要求是不一样的，如财务部要求采购成本越低越好、生产计划部要求采购物品及时到货、品管部要求采购物品质量好。

作为采购管理者来说，就要综合各方面的要求制定可实现的指标和目标，最好做到量化和优先性，并达成一致。制定采购目标是一个动态的过程，在实现中或应企业新的业务需求要不断地修改和调整。

为实现采购目标，企业要制定采购政策，作为日常工作的行动准则和标准，它是实现长期采购目标的保证，以防止个别采购人员为了短期的目标而采取损害总体长远利益的行为。采购任务是采购工作在一定时期所有做的工作汇总，它必须契合企业实际情况和当前工作目标。

只有当所有采购人员都认识到组织目标、政策和任务后，才能主动开展工作，提高工作效率，达成工作目标。

> **小提示**
>
> 现实的采购业务工作中，其过程涉及许多方面，是十分繁杂的，所遇到的困难也是各式各样的，企业应根据自己的能力和实际情况灵活实施、开展采购成本控制策略。

（3）交付目标。实现按时交付是标准的采购目标。假如延迟交付货物或材料，或者未能按期完成工作，那么销售就会失败，生产就会停滞。确保供应商了解并完全清楚按时交付是实现按时交付至关重要的一步。

（4）价值链和竞争优势目标。企业与企业的竞争，不只是某个环节的竞争，而是整个价值链的竞争，整个价值链的综合竞争力决定企业的竞争力。

对于一个生产企业来说，其价值链中包括为其提供原材料的供应商、企业自身的各个业务部门，同时也包括销售企业产品的营销网络、销售渠道以及最终购买产品的消费者。价值链中任何一个组成部分的变化都会引起企业竞争力和战略定位的变化，所以企业进行采购战略构思时，应该将价值链作为一个整体加以分析。

> **小提示**
>
> 对于任何一个企业来说，在考虑企业的竞争战略时，不能仅仅只考虑企业自身，还应该考虑与企业密切相关的价值链，考虑产业环节以及竞争对手的情况。

5.制定采购和供应策略

对以上内外部环境和要素做出全面分析以后，你基本可以制定出你的采购供应策略了。采购供应策略实际上就是采购供应保障或供应安全策略，包括图3-16所示的内容。

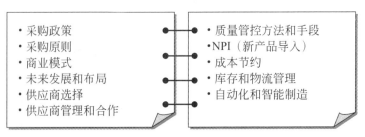

图3-16　采购供应策略应包含的内容

企业在制定采购供应策略时，可参考表3-3所示的角度来制定。

表3-3　制定采购供应策略的参考角度

序号	策略内容	制定角度
1	采购政策	将采购作为公司核心竞争力；内部资源向采购倾斜
2	采购原则	质量优先还是成本优先？阳光采购？保密？战略供应商？
3	商业模式	ODM/OEM，外包还是自制？用TK还是Consign？Buy/sell？
4	供应商选择	"门当户对"原则，"白富美"通常看不上"矮矬穷"
5	供应商管理和合作	可以精准对位，建立战略合作伙伴关系；驻厂全流程管理；绩效评估和管理
6	NPI导入	什么时候与工厂合作？怎么合作？各做哪些工作？
7	成本节约	建立成本模型，供应商如何报价？
8	自动化和智能制造	减少对人力的依赖

6.监督策略执行和落实

策略制定完成后，不能停留在"纸上谈兵"和"空中楼阁"，还需要将策略转化成行动方案，指定责任人和完成期限。

（1）如果涉及跨部门的，需要合作支持部门的负责人监督执行和落实。

（2）如果涉及团队能力，你还得帮助制订出能力提升计划，以确保策略的执行能够得到有效保障。

（3）对于不能落地或有困难的策略执行方案，还需要提供赋能方案，研究并制订对团队的能力提升计划，或外聘，或培训，提供方法论的指引。

三、JIT采购的实施

JIT（Just In Time）采购又称为准时化采购，它是由准时化生产管理思想演变而来的。其基本思想是：把合适的数量、合适质量的物品、在合适的时间供应到合适的地点，最好地满足用户需要。

JIT采购必须遵循一定的科学实施步骤。从经验上来看，企业在实施JIT采购时，大体可以遵从图3-17所示的具体步骤。

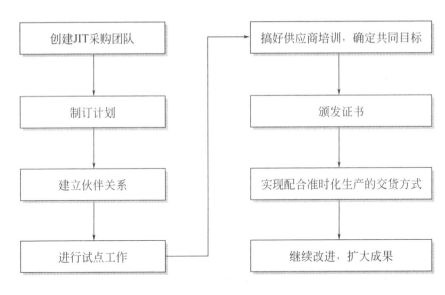

图3-17　JIT采购的具体实施步骤

1. 创建JIT采购团队

JIT采购团队的作用，就是全面处理JIT有关事宜。要制定JIT采购的操作规程，协调企业内部各有关部门的运作，协调企业与供应商之间的运作。JIT除了企业采购供应部门有关人员之外，还要有本企业以及供应商企业的生产管理人员、技术人员、搬运人员等共同组成。一般应成立两个班组：一个是专门处理供应商事务的班组，该班组的任务是培训和指导供应商的JIT采购操作，衔接供应商与本企业的操作流程，认定和评估供应商的信誉、能力，与供应商谈判签订准时化供货合同，向供应商发放免检签证等；另一个班组是专门协调本企业各个部门的JIT采购操作，制定作业流程，指导和培训操作人员进行操作检验、监督和评估。这些班组人员对JIT采购的方法应有充分的了解和认识，必要时要进行培训。

2. 制订计划

要确保JIT采购有计划有步骤地实施，企业须有针对性地制定采购策略，制定出具体的分阶段改进当前传统采购的措施，包括减少供应商的数量、供应商的评价、向供应商发放签证等内容。在这个过程中，企业要与供应商一起商定JIT采购的目标和有关措施，保持经常性的信息沟通。

3. 建立伙伴关系

供应商和企业之间互利的伙伴关系，意味着双方充满了一种紧密合作、主动交流、相互信赖的和谐气氛，共同承担长期协作的义务。在这种关系的基础上，发展共同的目标，分享共同的利益。企业可以选择少数几个最佳供应商作为工作对象，抓住一切机会加强与他们之间的业务关系。

4. 进行试点工作

企业可以先从某种产品、某条生产线或是某些特定原材料的试点开始，进行JIT采购的试点工作。在试点过程中，取得企业各个部门的支持是很重要的，特别是生产部门的支持。通过试点总结经验，为正式的JIT采购实施打下基础。

5. 搞好供应商培训，确定共同目标

JIT采购是供需双方共同的业务活动，单靠采购部门的努力是不够的，需要供应商的配合，只有供应商也对JIT采购的策略和运作方法有了认识和理解，才能获得供应商的支持和配合，因此，需要对供应商进行教育和培训。通过培训，大家取得一致的目标，相互之间就能够很好地协调做好采购的准时化工作。

6. 颁发证书

企业在实施JIT采购策略时，核发免检证书是非常关键的一步。颁发免检证书的前提是供应商的产品100%的合格。为此，核发免检证书时，要求供应商提供最新的、正确的、完整的产品质量文件，包括设计蓝图、规格、检验程序以及其他必要的关键内容。经长期检验达到目标后，所有采购的物资就可以从卸货点直接运至生产线使用。

7. 实现配合准时化生产的交货方式

向供应商采购的原材料和外购件，其目标是要实现这样的交货方式：当生产线正好需要某种物资时，该物资就到货并运至生产线，生产线拉动它所需的物资，并在制造产品时使用该物资。

8. 继续改进，扩大成果

JIT采购是一个不断完善和改进的过程，需要在实施过程中不断总结经验教训，从降低运输成本、提供交货的准确性、提高产品质量、降低供应库存等各个方面进行改进，不断提高JIT采购的运作绩效。

> 小提示
>
> 准时化采购策略体现了供应链管理的协调性、同步性和集成性，供应链管理需要准时化采购来保证供应链的整体同步化运作。

JIT采购与传统采购的区别

JIT采购与传统采购的区别如下表所示。

JIT采购与传统采购的区别

项目	JIT采购	传统采购
采购批量	小批量、送货频率高	大批量、送货频率低
供应商的选择	长期合作、单源供货	短期合作、多源供货
供应商评价	质量、交期、价格	质量、交期、价格
检查工作	逐渐减少、最后消除	收获、点货、质量验收
协商内容	长期合作关系，质量和合理价格	获得最低价格
运输	准时送货买方负责安排	较低成本卖方负责安排
产品说明	供应商革新、强调性能宽松要求	买方关心设计、供应商没有创新
包装	小、标准化容器包装	普通包装没有特地说明
信息交换	快速可靠	一般要求

四、MRP采购的实施

物料需求计划（Material Requirement Planning，简称MRP），是20世纪初期在美国开始出现的。MRP采购主要应用于生产企业。它是生产企业根据生产计划和主产品的结构以及库存情况，逐步推导出生产主产品所需要的零部件、原材料等的生产计划和采购计划的过程。

1. MRP采购的原理

MRP采购是以生产为导向，根据市场营销情况或预测等信息，将最终产品所需原料和部件的相关要求与时间段联系起来，以达到库存最小化并能维持交货进度的计算机化方法。MRP首先根据主生产计划规定的最终产品需求总量和产品结构信息，对产品的需求进行分解，生成对部件、零件以及材料的毛需求量计划。然后根据库存状态信息计算出每个部件、零件及材料的净需求量及期限，并发出订单。如图3-18所示。

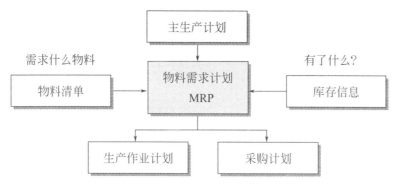

图3-18 MRP基本原理

2.MRP采购的目标

MRP采购的目标是以需求分析为依据,以满足库存为目的。具体来说,MRP采购的目标如图3-19所示。

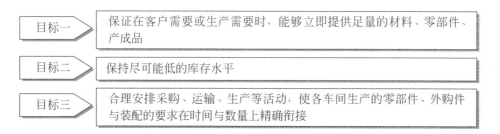

目标一 保证在客户需要或生产需要时,能够立即提供足量的材料、零部件、产成品

目标二 保持尽可能低的库存水平

目标三 合理安排采购、运输、生产等活动,使各车间生产的零部件、外购件与装配的要求在时间与数量上精确衔接

图3-19 MRP采购的目标

3.MRP采购的特点

MRP采购计划规定了采购品种、数量、采购时间和采购回来的时间,计划比较精确、严格。具体来说,MRP采购的特点如图3-20所示。

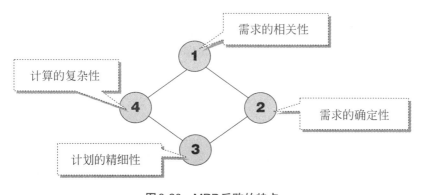

图3-20 MRP采购的特点

（1）需求的相关性。在流通企业，各种需求往往是独立的。而在生产系统中，需求具有相关性。

比如，根据订单确定了所需产品的数量之后，由新产品结构文件BOM即可推算出各种零部件和原材料的数量，这种根据逻辑关系推算出来的物料数量称为相关需求。不但品种数量有相关性，需求时间与生产工艺过程的决定也是相关的。

（2）需求的确定性。MRP的需求都是根据主产进度计划、产品结构文件和库存文件及各种零部件的生产时间或订货、进货时间精确计算出来的，品种、数量和需求时间都有严格要求，不可改变。

（3）计划的精细性。MRP计划有充分的根据，从主产品到零部件，从需求数量到需求时间，从出厂先后到装配关系都作了明确的规定，无一遗漏或偏差。计划还全面规定和安排了所有的生产活动和采购活动。不折不扣地按照这个计划进行，能够保证主产品出厂计划的如期实现。

（4）计算的复杂性。MRP计划根据主产品计划、主产品结构文件、库存文件、生产时间、采购时间，把主产品的所有零部件的需要数量、需要时间、先后关系等准确计算出来，其计算量是非常庞大的。特别是主产品复杂、零部件数量特别多时，如果用人工计算，简直望尘莫及。所以MRP的产生和发展与计算机技术的发展有紧密的联系。

4.MRP采购实施的要点

一般的采购活动都有以下几个步骤：资源调查、供应商认证、询价及洽商、生成请购单、下达采购单、采购单跟踪、验收入库、结算。

实施MRP采购除了具有上述这些步骤外，还必须有一定的基础条件，最为重要的基础条件有两点，如图3-21所示。

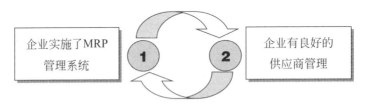

图3-21 实施MRP采购的基础条件

（1）企业实施了MRP管理系统。如果企业没有实施MRP系统，就谈不上进行MRP采购，不运行MRP系统，物料的需求计划就不可能由相关性需求转换成独立性需求，没有MRP系统生成的计划订货量，MRP采购就失去了依据，如果手工计算，那计算量可想而知，对于复杂产品的物料相关性需求靠手工计算根本就是不可能的。而若采用订货点方法进行采购，必然造成零部件配不齐或者原材料的大量库存，占用大量的流动资金。因此，可以说MRP系统与MRP采购是相辅相成的，如果企业采用了MRP系统，则它对需要购买的物料必然实行MRP采购管理才能使它的MRP系统得到良好的运行；而企业若实行MRP采购管理，则必然是企业实行了MRP管理，否则MRP采购如同空中楼阁，失去了基础。

（2）企业有良好的供应商管理。在MRP采购中，购货的时间性要求比较严格，如果没有严格的时间要求，那么MRP采购也就失去了意义。如果没有良好的供应商管理，不能与供应商建立起稳定的客户关系，则供货的时间性要求很难保证。除了上面的这些基础条件外，MRP采购同一般采购管理还有一点不同，就是物料采购确定或者物料到达后，需要及时更新数据库，这里不仅仅包括库存记录，而且还有在途的物料和已发订货单数量以及计划到货量。这些数据都会添加到MRP系统中，作为下次运行MRP系统的基础数据。

五、数字化采购的实施

数字化采购是指通过应用人工智能、物联网、机器人流程自动化和云端协作网络等技术，打造可预测战略寻源、自动化采购执行与前瞻性供应商管理，从而实现降本增效，显著降低合规风险，将采购部门打造成企业新的价值创造中心，如图3-22所示。

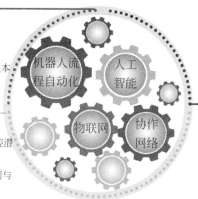

可预测战略寻源
- 预测采购需求
- 实时分类和管理支出
- 预测未来供应来源
- 洞察商品所有原产地的上岸成本
- 完善支出知识库

前瞻性供应商管理
- 预测供应商绩效趋势
- 结合第三方数据源，实时监控潜在的供应商风险
- 应用VR技术实现供应商访问与现场审核

自动化采购执行
- 自动感知物料需求和触发补货请购
- 消除重复性手动操作
- 基于实时物料配送信号自动触发付款
- 自动执行安全付款
- 应用供应链金融实现按需融资

图3-22　数字化采购

1.可预测战略寻源

在战略寻源（即从寻源到合同）环节，数字化采购将完善历史支出知识库，实现供应商信息、价格和成本的完全可预测性，优化寻源战略，并为决策制定提

供预测和洞察,从而支持寻源部门达成透明协议,持续节约采购成本。如图3-23所示。

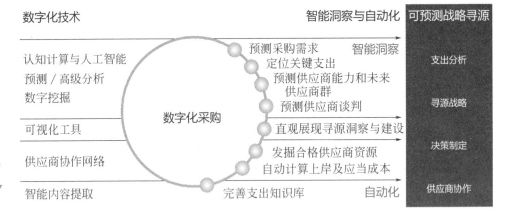

图3-23 可预测战略寻源

(1)支出分析。数字化采购将建立实时支出管理体系和支出知识库,应用预测分析技术,帮助企业预测采购需求和支出结构,进而定位关键支出,实现可持续降本战略。具体做法如图3-24所示。

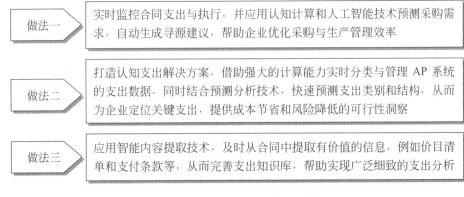

图3-24 数字化采购的支出分析

(2)寻源战略。数字化采购将提供强大的协作网络,帮助企业发掘更多合格供应商资源,同时智能分析和预测供应商的可靠性和创新能力,并依据企业发展蓝图预测未来供应商群,逐步实现战略寻源转型。具体做法如图3-25所示。

(3)决策制定。数字化采购将应用智能分析技术,预测供应商对企业成本与风险的影响,为寻源提供可视化预测及业务洞察,从而提升供应链的整体透明度,帮助企业更加智能和迅速地制定寻源决策。具体做法如图3-26所示。

| 做法一 | 应用认知计算、人工智能和数据挖掘技术，结合第三方数据源，评估和预测备选供应商的可靠性和创新能力，并依据企业的中长期创新需求，预测与企业发展战略相契合的供应商群 |

| 做法二 | 借助领先的供应商协作平台，例如通过 Ariba 网络连接全球超过 250 万供应商，并根据不同商品的关税、运输及汇率等因素，自动计算所有原产地的上岸成本及应当成本，在全球市场中发现最优供应商 |

| 做法三 | 结合品类管理功能，根据不同品类的需求特点和技术含量等因素，分别制定差异化寻源策略和可复用标准流程 |

图 3-25 数字化采购的寻源战略

| 做法一 | 应用认知计算和人工智能，基于供应商资质、历史绩效和发展规划等因素构建敏感性分析模型，从而更加准确地预测供应商对企业成本与风险的影响，帮助筛选优质的合作对象 |

| 做法二 | 借助高级的可视化管理仪表盘，直观展现寻源洞察与建议，简化领导层的决策制定过程，将寻源执行及决策周期缩短 50%，从而大幅提高市场敏捷度，加速企业产品上市 |

图 3-26 数字化采购的决策制定

（4）供应商协作。数字化采购将智能预测供应商谈判的场景和结果，分析并推荐最优供应商和签约价格，同时自动执行供应商寻源任务，最终建立可预测的供应商协作模式。具体做法如图 3-27 所示。

| 做法一 | 应用认知计算和人工智能技术，构建敏感性分析模型，预测谈判双方条件变化对签约价格及采购成本的影响，帮助谈判人员识别关键因素与节点，从而控制谈判风险并削减采购成本 |

| 做法二 | 在报价和竞标等环节，基于预设标准自动评估和推荐最优供应商，并基于商品数量和供应商折扣自动推荐最优签约价格，实现智能与高效的供应商选择及合同签订流程 |

| 做法三 | 基于最佳实践构建全球条款库，在合同签订环节自动识别合规且适用的条款，帮助企业提高合同签订效率，并确保合规性 |

图 3-27 数字化采购的供应商协作

2.自动化采购执行

在采购执行（即从采购到付款）环节，数字化采购将提供自助式采购服务，自动感知物料需求并触发补货请购，基于规则自动分配审批任务和执行发票及付款流程，从而加速实现采购交易自动化，有效管控风险和确保合规性，大幅提升采购执行效率。如图3-28所示。

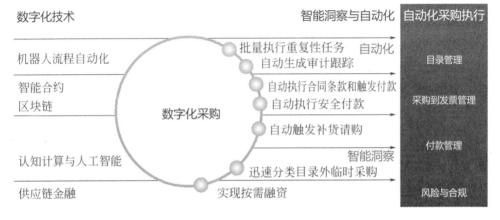

图3-28 自动化采购执行

（1）目录管理。数字化采购将通过目录化采购，构建基于品类的自动化采购流程，从而帮助企业加强全流程控制，实现差异化品类分析，并在复杂的支出类别中发现可持续的成本节省。具体做法如图3-29所示。

做法一：结合最佳实践和企业采购品类自定义商品及服务编码，建立全品类目录化采购，能够快速将供应商产品纳入采购目录，从而持续控制采购种类，从根本上规范采购流程和控制采购风险

做法二：基于采购目录建立精细的品类管理模式，分别制定标准化采购流程和审批工作流，实现差异化品类分析，优化各采购品类的管理策略

做法三：应用认知计算和人工智能技术，迅速处理和分类目录外临时采购数据，充分挖掘所有品类的支出数据价值，交付全新的洞察与机遇

图3-29 数字化采购的目录管理

（2）发票管理。数字化采购通过批量执行重复性任务，自动触发请购及审批流程，实现核心的采购到发票管理活动的自动化和标准化，帮助企业全面提高采购效率，持续降低管理成本。具体做法如图3-30所示。

做法一　应用机器人流程自动化技术，通过模式识别和学习逐步消除重复性手动操作，如发票匹配、预算审核等，从而降低采购资源负担，使员工专注于高附加值工作，为企业创造更大价值

做法二　应用认知计算和人工智能技术，实时感知物料需求，并自动触发补货请购，从而简化和智能化请购流程

做法三　结合最佳实践和企业现有流程部署审批工作流，能够自动分配各环节审批任务，大幅缩短审批周期，并确保审批人正确审批

图3-30　数字化采购的发票管理

（3）付款管理。数字化采购能够应用智能合约技术自动触发付款流程，根据企业需求提供快捷的供应链金融功能，推动付款管理更加安全与高效，交付前所未有的付款管理方案。具体做法如图3-31所示。

做法一　应用智能合约技术自动执行合同条款，精准触发合适的付款流程，从而消除手动验证；未来可以结合区块链分布式记账技术，在智能合约触发付款后，执行自动化安全付款

做法二　具备供应链金融功能，为企业提供安全智能的B2B支付，基于多个第三方融资来源实现灵活的按需融资，从而增加企业自由现金流，释放运营资本

做法三　结合动态折扣与供应链金融功能，自动管理提前付款折扣，最大限度享受供应商折扣，从而降低采购成本，实现更高收益率

图3-31　数字化采购的付款管理

（4）风险与合规管理。数字化采购通过构建风险与合规管理生态系统和应用机器人流程自动化技术，将风险与采购管理无缝嵌入采购流程，从而自动监控各环节采购行为和生成审计跟踪，帮助企业快速洞察风险与机遇，有效控制采购风险。具体做法如图3-32所示。

图3-32 数字化采购的风险与合规管理

3.前瞻性供应商管理

数字化采购将应用众包、网络追踪和VR（虚拟现实）等技术，全面收集和捕捉供应商数据，构建全方位供应商生命周期管理体系，实现前瞻性风险规避与控制，从而提升供应商绩效与能力，支持采购运营持续优化。如图3-33所示。

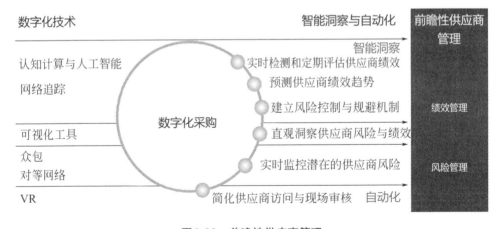

图3-33 前瞻性供应商管理

（1）绩效管理。数字化采购能够建立实时监测和定期评估机制，将数据转化为切实可行的洞察和预测，从而打造前瞻性绩效管理，逐步优化供应商资源。具体做法如图3-34所示。

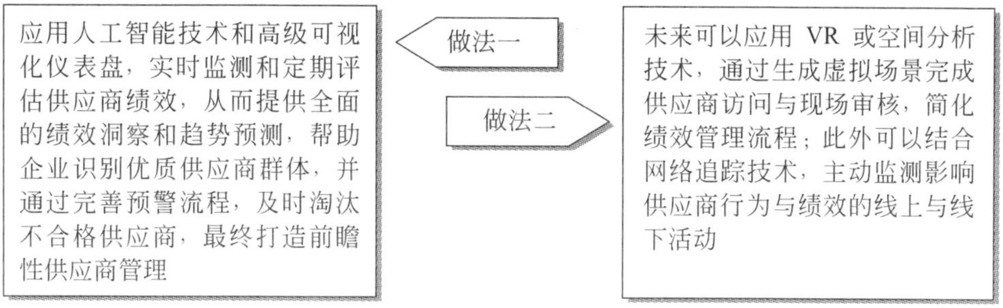

| 做法一 | 应用人工智能技术和高级可视化仪表盘，实时监测和定期评估供应商绩效，从而提供全面的绩效洞察和趋势预测，帮助企业识别优质供应商群体，并通过完善预警流程，及时淘汰不合格供应商，最终打造前瞻性供应商管理 |
| 做法二 | 未来可以应用 VR 或空间分析技术，通过生成虚拟场景完成供应商访问与现场审核，简化绩效管理流程；此外可以结合网络追踪技术，主动监测影响供应商行为与绩效的线上与线下活动 |

图 3-34　数字化采购的绩效管理

（2）风险管理。数字化采购将应用数据捕捉和采集技术，基于大数据进行前瞻性预测分析，实时洞察潜在的供应商风险，帮助企业建立先发制人的风险管理模式。具体做法如图 3-35 所示。

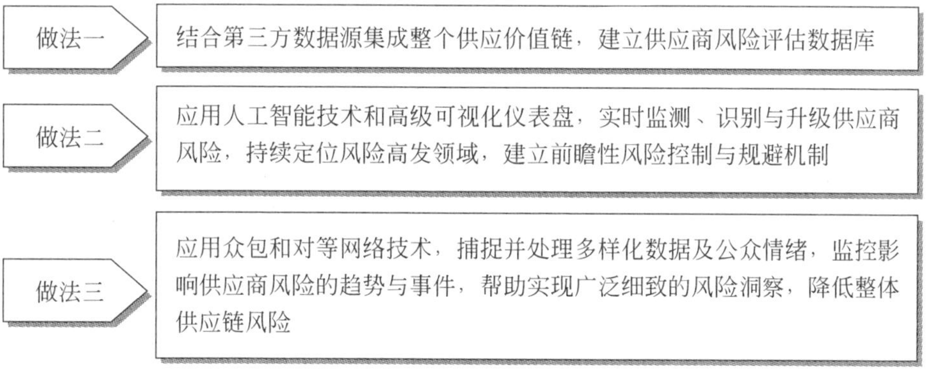

做法一	结合第三方数据源集成整个供应价值链，建立供应商风险评估数据库
做法二	应用人工智能技术和高级可视化仪表盘，实时监测、识别与升级供应商风险，持续定位风险高发领域，建立前瞻性风险控制与规避机制
做法三	应用众包和对等网络技术，捕捉并处理多样化数据及公众情绪，监控影响供应商风险的趋势与事件，帮助实现广泛细致的风险洞察，降低整体供应链风险

图 3-35　数字化采购的风险管理

> **小提示**
>
> 采购的未来已经呈现在我们眼前，数字化采购将助力企业快速实现业务价值，决胜数字时代。

六、云采购模式的实施

云采购模式就是利用大数据和云端的信息及数据共享，实现从寻源、合同、采购、供应商管理、付款的整个采购流程的自动化、便捷化，通过企业间采购与供应的直接交易和实时协作，打破传统采购的渠道逐级分层的采购模式。

1. 云采购模式的优势

供应商由于缩短了销售环节，没有多层分销商从中营利，便能以低于传统销售渠道的价格进行售卖，大大降低采购成本；此外供应商还能通过云端的数据共享，了解采购商的采购需求和市场信息，从而避免产品供不应求或是供过于求。

一方面，云平台还提供给采购和供应所有价值链节点一个沟通交流平台，节点上的采购和供应企业在业务上有任何问题的时候，可以随时沟通，建立信任和长期的合作关系。供应商可以主动出击，把各个采购商聚集到平台上来，随时更新企业产品信息，让采购商随时掌握产品最新动态；另一方面，供应商根据对以往采购商在平台上的采购数据进行统计分析，得出产品未来的销售前景和预测，从而调整企业生产数量。依托大数据技术，使平台上所有企业的运营效率得到提升，并降低成本。

通过云端，采购商与供应商建立联系，实现网上自动采购交易，减少双方为交易投入的人力、物力和财力。云平台模式的出现，不仅改变了传统的采购和供应，而且让企业可以更高效地运营，实现快速转型，跟上时代的发展。

> **小提示**
>
> 利用云采购，企业可以建立更加高效、有效和有影响力的采购组织，选择优秀的供应商、实施策略并管理供应商风险，从而控制成本。

2.云采购平台

在电子商务大发展、大数据、云计算等新技术层出不穷的时代，越来越多的云采购平台应运而生，其电子化采购方案使采购管理借助互联网的先进技术和理念得到全新的飞跃。

如图3-36所示的是××云采购平台的功能。

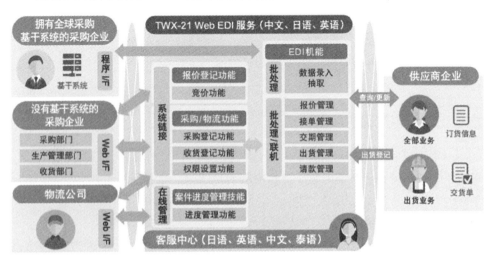

图3-36　××云采购平台功能

鞍钢集团借用友采购云实现采购管控突破

1. 项目背景

2010年5月,鞍山钢铁集团公司与攀钢集团有限公司联合重组为鞍钢集团公司,是国务院国资委监管的中央企业之一。鞍山钢铁始建于1916年,是新中国第一个恢复建设的大型钢铁联合企业和最早建成的钢铁生产基地,被誉为"中国钢铁工业的摇篮""共和国钢铁工业的长子"。鞍钢集团已形成跨区域、多基地、众产业、国际化的发展格局,成为中国最具资源优势的钢铁企业,2011年进入《财富》世界500强。

2. 关键问题

作为特大型企业,鞍钢集团多层次、多元化子企业众多,其生产经营对货物、工程、服务的采购需求五花八门、层出不穷,相应采购单位分布在全集团各单位,大小不一、数量众多。

鞍钢集团的招标采购业务由鞍钢招标有限公司归口实施,其是鞍钢集团的全资子公司,专业从事国际国内货物、工程、服务项目的招标采购及咨询服务,年均招标采购500余类5万余个项目,金额超过600亿元,专业人员达100余人。其招标采购的整个流程为:鞍钢集团各基层单位提出采购需求,委托招标公司进行招标采购,通过标准的招标采购规范流程,向采购单位发出招标采购结果,由其与供应商签订合同,并组织到货、验收、配送到使用单位。

由于采购工作是由若干采购单位完成,每个单位都有自己的管控办法,这让鞍钢集团在采购的管控上存在一定的挑战。

3. 解决方案

为了让全集团上下采购工作和管理能够有条不紊地进行,鞍钢招标有限公司联合用友公司打造了"鞍钢集团供应商客户信息平台",意在通过科学前瞻、标准规范、统一完整、高效阳光的这一客商平台,实现采购管理的创新实践。

鞍钢集团客商平台的建设,将原来分散在各子企业的供应商管理集中在客商平台以相同的标准统一接入,实现供应商统一注册、统一分类、统一分级、统一认证、统一评价、统一管理和统一共享。

通过客商平台的建设,鞍钢集团在供应商管控方面实现了巨大突破。

首先,整合优化了鞍钢集团范围内各类采购需求,结合当前客观实际和今后发展的需要，制定供应商分类、分级、认证、评价标准，统一规范供应商管理要素及业务流程，实现供应商信息、过程及成果共享，为各采购单位提升供应商整体水平提供优质服务。

其次，实现供应商资源集中统一，优化供应商结构，打造生态圈，以此防范采购风险，提高采购质量，提升采购效率，降低采购成本，使其成为鞍钢集团的服务平台、共享平台、数据平台、监督平台。

最后，建立了科学规范的供应商管理体系，整体提高鞍钢集团供应商管理水平，为鞍钢集团采购工作的运行、管理、决策提供有力支撑。

4.项目效益

客商平台在鞍钢集团内基本实现了八个统一。

（1）全集团统一的境内外客商注册信息、审批权限和流程。

（2）统一的所有货物、工程、服务采购需求供应商分类标准和流程。

（3）统一的各类供应商准入条件、能力分级标准和流程。

（4）统一的各类供应商资格认证标准和流程。

（5）统一的各类供应商招标采购、合同履行、使用效果评价标准和流程。

（6）统一的供应库，包括注册供应商库、合格供应商库和优质供应商库。

（7）统一的各类信息标准库。

（8）统一的采购生态多维度分析结果。

现在客商平台已经成为鞍钢集团唯一的供应商服务、共享、数据、监督的综合平台，实现供应商生命周期的全流程、全要素、集中化、差异性的标准化统一管理。

七、智能采购平台的搭建

工业4.0时代的采购是以智能采购平台为基础，将企业传统的采购过程，通过现代的智能采购平台来完成。

1.智能采购平台的特点

智能采购平台的特点是智能化、信息化，它可以将采购商、供应商甚至是物流公司整合到这个智能采购平台上来，让供应商随时获取需求信息，做好备货以及生产计划，同时物流公司也根据采供双方的需求作好物流服务工作。

2.智能采购平台的操作

（1）将供应商资料信息化后装入智能采购平台，并建立供应商数据库、供应商质量评定标准、供应商准入以及退出标准，平台会实时反馈供应商各项指标。

（2）将产品信息化后装入智能采购平台，产品信息将包含产品名称、型号、规格书、品牌（制造商）、产地、有效期、产品外观图片、包装方式、适用运输方式等。

（3）所有的采购过程将在智能采购平台上完成，包含采购需求、采购计划、采购审批、采购订单、货物交付以及入库、品质检验、供应商交货、供应商付款等；同时也包含各种项目类以及服务类的招投标工作。

> **小提示**
>
> 由于整个采购过程，以及采购单元信息，参与采购过程的各方（采购方、供应商、物流公司）的各种活动轨迹都记录在这个智能采购平台上，非常便于后续财务核算、采购审计等监督管理工作。

3.应用智能采购管理系统

企业应用采购管理系统的目的是为了提高企业采购管理效率，实现企业更简单、高效、快速完成采购。

智能采购管理系统既能减少企业采购管理流程，又能提升执行率和管理效率，降低企业运营成本，还能通过对企业采购活动的管控和对供应商关系的维护，实现企业和供应商互利共赢以及采购资源的持续性发展，一举多得。具体如图3-37所示。

梳理流程	寻源透明	订单咬合	降本增效
采购管理规范性，订单业务全流程，采购集中化管理	采购寻源，定价透明化，发展战略供应商，互惠互利共赢	按需提前计划，订单与计划相吻合，实现采购的合理性	降低企业运营成本，提升执行率与管理效率

图3-37　智能采购管理系统的特点

如图3-38所示的是××智能采购管理系统的功能模块。

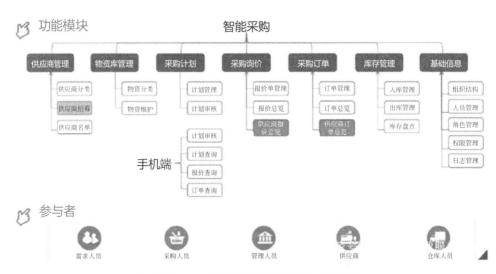

图3-38 ××智能采购管理系统的功能模块

对于首次选择管理软件的企业来说,如何选择一个合适的采购管理软件是一个大难题。系统选择的好坏,直接关系到企业未来实施的成败,企业在选型采购管理系统时应注意图3-39所示的几个因素。

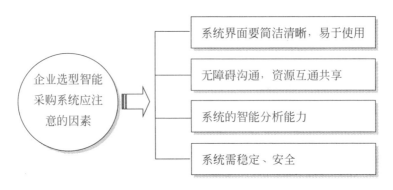

图3-39 企业选型智能采购系统应注意的因素

(1)系统界面要简洁清晰,易于使用。众所周知,企业上线采购管理系统第一原因就是提高企业采购能力和管理效率。因此,购买的采购管理系统界面需简洁、清晰,易上手易操作。对于企业而言,上线采购管理系统后,需安排相关部门人员培训及上手使用,如果一个系统界面过于复杂,操作流程繁琐,不仅难以学习,还给员工带来了繁琐的工作流,加大了工作负担。因此,在选型时,要注意软件的易操作性和易理解性,才能更好、更快地上线使用,提高企业采购管理效率。

（2）无障碍沟通，资源互通共享。采购是企业产品输出的最初部门，一般涉及生产部、销售部、财务部、仓储等多个不同的部门，每个部门都掌握着各自的信息，要上线采购管理系统，需能将各个不同部门人员都整合到同一个平台管理，实现数据及时、精确、共享流动，并且实现跨部门之间、员工之间无障碍沟通，改变企业跨部门沟通难的现状，提高采购工作效率，让采购过程变得更严谨，更有理可寻。

（3）系统的智能分析能力。数据众多、繁琐迫使大数据时代的来临，作为采购部门，数据收集和整理是必不可少的，当数据越来越多时，人工收集与核算容易造成数据统计失误等问题，因此，选型采购管理系统，要注重采购软件内置的智能分析系统，要能够自动分析各项采购数据并提供统计报表，如通过提取采购订单基础数据，自动统计下一个周期内预计给供应商的付款，方便财务准备现金流；利用供应商的交付信息，统计出交易额前十的供应商，或者当前待付款排名前十的供应商等。管理层可以做到实时监控，实现采购流程透明化，减少因数据失误导致的供应链问题。

（4）系统需稳定、安全。成本与安全是最为基本的一点，企业效益的高低，成本的控制是非常重要的，如果高价采购一个系统，回来后发现作用与功能不相符，就是浪费资源。用最恰当的价钱，采购最合适的系统才是选型采购管理软件的最终目标。只有真正切合企业需要的采购软件才能真正体现出特有的价值，盲目地相信免费产品、低价产品或者大品牌产品都不是明智之举。选型系统，信息安全是尤为重要的。对于采购管理系统，保密性是相当重要的，在保证信息安全、使用放心后，花费出去的成本才能真正体现出价值。

 相关链接

健业纺织借助智能采购管理系统快速"锁定"最佳供应商

1. 项目背景

广东健业纺织有限公司（以下简称"健业纺织"）成立于2003年，是一家专业的快速流行时尚面料供应商，致力于为各大服装品牌提供流行面料整体解决方案。健业纺织拥有专业的设计研发团队，先进的织造、印染及配套设备，专业稳定的生产队伍以及专业的品质控制队伍和检测中心，目前在上海、宁波、柯桥、青岛设有分公司，产品远销欧美、日韩、中东等国家和地区，客户网络遍布全国及全球40多个国家。

成立至今，健业纺织始终坚持"从研发开始，通过生产、销售及后续服务，为客户快速提供一站式整体面料解决方案"的经营理念，通过ISO9001全面质量认证、Oeko-Tex Standard 100国际生态纺织品认证、国标检测、6S管理等，并先后荣获霞客杯面料设计大赛银奖、中国纺织工业协会产品开发贡献奖、纺织服装行业十大新锐品牌等奖项。

2. 关键问题

随着公司业务的快速发展，健业纺织需要供应的原材料种类和数量变得越来越多，原材料供应商也随之增多，加上公司"以客户为中心"的理念要求为客户提供优质的产品来保证高客户满意度，对于供应商的资质要求非常高；原有的系统只涉及采购订单管理，并未对供应商进行信息化的管理。健业纺织的供应商管理存在很大的挑战，具体体现在以下两个方面。

（1）供应商资料难获得。由于缺乏一个存储供应商信息的平台，健业纺织的供应商资料只是零散地掌握在采购人员手中，当决策人员想要了解供应商信息时，往往只能通过线下向采购人员了解，非常影响工作效率，还常常无法获得全面的供应商信息，且信息传递不及时，容易产生信息滞后，导致决策失误。

（2）供应商资质难甄别。面对众多的供应商，健业纺织原先并没有规范的比对模式，很难从价格、供货能力等多个维度比对各个供应商的资格，难以快速选择最佳供应商，采购人员不仅需要花费大量的精力来甄选优质的供应商，甄选出来的供应商还经常出现这样或那样的问题，对采购成本和质量造成影响。

3. 解决方案

为提高供应商管理效益，健业纺织找到了8Manage，利用其完善的供应商管理系统解决方案，实现供应商信息的实时共享及供应商的快速比价，规范供应商选择流程，严格审核供应商资格，轻松"锁定"最佳供应商。

（1）实时供应商信息库，助力管理层商务决策。8Manage SPM采购管理系统为健业纺织提供了一个实时全面的供应商信息库，支持实时录入所有供应商的基本信息以及重要的业务信息，如供应商概况、供应商提供的产品与服务信息、与供应商的沟通记录、与供应商相关的业绩信息等。登录系统后，健业纺织的管理层可以实时查看到每一个供应商的完整信息，为其商务决策提供支持。同时，8Manage SPM采购管理系统还提供供应商基本信息页面自定义字段功能，针对不同类型的供应商，健业纺织可以自定义供应商基本信息页面的字段，避免不同种类供应商共用相同字段带来的供应商信息混乱，帮助企业更好地管理供应商信息。

（2）灵活查询供应商信息，快速审批供应商资格。8Manage SPM采购管理系统支持供应商信息的查询和搜索，不同供应商对应的不同产品可以在系统中快速查询到。根据供应商的其中一项信息，如供应商的名称，健业纺织可以灵活地查询到该供应商的其他各项信息，如产品价格与基准价的偏差、货物迟交率、退货率、服务水平的违反率等供应商绩效信息，方便采购人员对供应商资格进行审核及分类，从而实现审批工作流程的自动化。

（3）提供供应商比价功能，精准筛选优质供应商。8Manage SPM采购管理系统还提供多家供应商的比价功能，帮助健业纺织比较由不同供应商提供的相同产品的价格、服务和其他条款及条件，确保选择到最合适的供应商。同时，8Manage SPM采购管理系统还提供了基准价的功能，当产品的采购价高于基准价时，便会进行高亮显示，确保健业纺织筛选到最优质的供应商。

4. 项目效益

上线8Manage SPM采购管理系统后，健业纺织实现了供应商信息的规范化管理，精准识别不同供应商之间的差异，并通过灵活的审批流程，快速甄选出最佳的供应商。

八、采购价格管理

随着经济的快速发展和市场竞争的加剧，生产与销售的利润空间已经被充分压缩，为了实现经济效益的最大化，物资供应成为企业控制成本的主要途径，而采购和供应商报价管理作为物资供应中的关键环节，其在成本控制中的作用不言而喻。

1. 采购价格的调查

一般来说，由于采购的原材料种类较多，企业可通过ABC分类控制法进行管理，尤其对于A类重点材料，更是进行重点调查。常见的采购调查范围主要包括图3-40所示的几种。

范围一	选定主要原材料20～30种，其价值占总值的70%～80%以上的
范围二	常用材料、器材属于大量采购项目的

图3-40

| 范围三 | 性能比较特殊的材料、器材（包括主要零配件），一旦供应脱节，可能导致生产中断的 |

| 范围四 | 突发事变须紧急采购的 |

| 范围五 | 波动性大的物资、器材 |

| 范围六 | 计划外资本支出、设备器材的采购，数量巨大，影响经济效益深远的 |

图3-40 采购调查范围

2.计算采购价格

对构成价格的各种因素进行科学的分析，必要时采取改进措施。这种方法是以合理的材料成本、人工成本及作业方法为基础，计算出采购价格。

其计算公式如下：

$$采购价格 = 物料成本 + 人工成本 + 设备折旧 + 行政费用 + 利润$$

在按上述公式计算采购价格时，如果卖方无法接受价格，应根据各项目的资料，逐一检查双方的报价明细和差距，并互相修正错误，以达成协议。有经验的采购人员，可凭自己的判断和过去累积的数值资料来算出合理的价格。

3.分析处理供应商的报价

价格分析与计算只是提供了一个参考的依据。在实际的操作中，对于各供应商，需要尽量统一报价模板和要求。

在进行分析、审查、比较报价时，可依图3-41所示的程序进行。

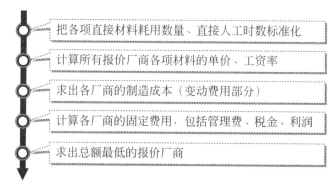

图3-41 分析、审查、比较报价的程序

 相关链接

如何与供应商磋商采购价格

企业在与供应商磋商采购价格时,要注意下列问题。

1.尽可能与对方负责人进行价格磋商

价格的磋商尽管有级别的要求,但为了有效地完成价格的磋商,缩短价格谈判的过程,除非供应商有级别对等的要求,否则应尽可能与对方负责人直接进行价格磋商。

2.完善谈判技巧

在减价磋商中,难免会遇到一些诡辩与抱怨的人,他们在磋商时,常提出似是而非的言论,例如产品的利润空间已经很小了,工人要求加薪、减少工作时间以及物价上涨等,目的是强调价格不能再降低了。因此,企业要根据实际计算的成本来加以一一反驳,使对方无计可施,从而达到降价的目的。在磋商前要尽可能掌握以下资料。

(1)该项物料在市场上的最低采购价格为多少。

(2)当买卖双方对产品的估价出入较大时,要尽快查明原因并想法缩小此差异。

3.了解供应商的情况

就买卖双方的合作关系,还要考虑下列因素。

(1)企业规模大小的比较。

(2)供应商对采购商的依赖程度,即采购商在供应商营业额中所占的比例。

(3)供应商在行业内及市场上的信誉度评价。

(4)供应商的技术水准及市场份额。

(5)供应商销售情况。

(6)供应商经办人的经验及实力。

4.合适的人与合适的对象

进行价格磋商的人,要有生产技术、成本、法律等方面的知识,才能胜任减价的磋商。因此,有时需要有专门知识的人员随同前往交涉,例如专业工程师、会计师等。

有了前往进行价格磋商的合适人选后,还需要找对磋商的对象。一般来说,供应商的销售人员不一定了解决定价格的因素,不具备技术及管理方面的知识,但我们要尊重对方的人员,和他们交朋友,从与他们的交谈中获取

对方有价格决定权的人员等重要信息。然后有针对性地与这个人去打交道，如此才能圆满完成任务。

5.有利的时间与地点

进行价格磋商的地点可以是买卖双方的会议室、会客室或两方以外的地点，如饭店、咖啡店等。在选择地点时，应注意交涉降价物料的种类、对方企业的力量、信誉度、待人接物规范性等。

通常在小房间或安静的地方进行价格交涉的效果比大房间要佳，因为在大房间商谈容易受外部干扰，感觉比较疏远，气氛较差，不易缩短交涉双方距离。为了建立起彼此间长期的感情，也可采用一同进行休闲活动，如打高尔夫球、乒乓球或健身活动等。

至于时间的选定要因人而异。由于人容易被环境、时间的改变影响情绪，所以聪明的交涉者要能察言观色，事先加以留意而见机行事。

九、采购品质管理

采购物料的质量是企业产品质量控制的第一个环节，物料质量的好坏直接影响产品的质量和生产的进度，因此，企业必须做好采购的品质控制。企业可以综合使用图3-42所示的各种方法，做好其品质管理。

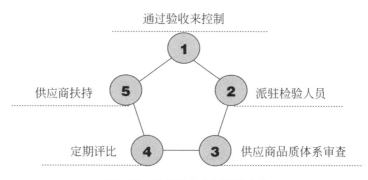

图3-42　控制供应商品质的方法

1.通过验收来控制

验收是指检查或试验后，认为合格而收受。检查的合格与否，则需以验收标准的确立，以及验收方法的订定为依据，以决定是否验收。

一般来说，常见的验收方法主要有图3-43所示的四种。

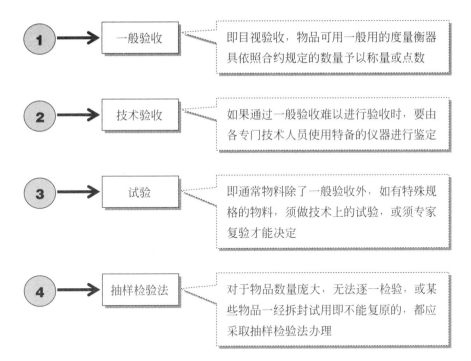

图3-43 常见的验收方法

2.派驻检验人员

此种方法类似于前一种,只不过是将进料检验人员派到供应商处,降低供应商的品质成本,间接降低本企业的成本。

企业应为派驻检验人员建立一个具有针对性的工作方法,首先应使他们明白自己的义务。要弄清楚应选择哪种类型的人担任派驻检验人员,应如何培训,他需要何种支持与协助,应如何评价他,具体的操作要求如表3-4所示。

表3-4 派驻检验人员具体的操作要求

序号	要求	具体说明
1	确定派驻检验人员的要求	派驻供应商的代表,必须对该行业有充分的了解,必须了解各部件如何组合,以及为什么要这样组合;必须对产品的最终用途有充分的了解;应该有一个良好的教育背景。供应商可能对采购方企业的整个运作体系知之甚少,因而派驻检验人员必须善于表达。派驻检验人员应在企业本部有过从事质量工程经验或来料验收经验。他应该了解本企业的经营理念。他必须是一个智慧超群、勇气可嘉、判断准确的人。他的任务便是帮助供应商理解本企业的需要,并执行合同的条款

续表

序号	要求	具体说明
2	派驻人员的义务	派驻检验人员必须铭记：他是企业的重要人物，但同时应保持诚实与谦虚。派驻检验人员的首要任务是确信能够与供应商达成对合同及其宗旨的理解，这一点应与本企业的经营管理层，包括质量经理一起做到。如果供应商所属工厂的总经理对此持有异议，那么大量的困难将由此而生。如果供应商对产品没有"零缺陷"或相似的质量改进方案，派驻检验人员必须促使他们采用有关的方案。那样，采购方所得的产品将更加物美价廉
3	派驻检验人员的培训	应发给派驻检验人员一本经营手册，内中有正确的行为指南，其中的政策和指导应该足够宽泛，给予派驻检验人员在发展与供应商关系时的个人自由度；但又应该有足够的限制，以消除任何可引发派驻检验人员导致产品不符合要求的诱惑
4	派驻检验人员的报告	派驻检验人员提供的报告应是有用的、直接的、定期的，但并不是频繁的。这些报告的副本应作为其个人记录加以保存
5	派驻检验人员可获得的支持	派驻检验人员必须知道，如有合理的需要，他可以直接求助于他的部门经理，并将得到支持；否则，他会因为各种难题而烦恼不已

3. 供应商品质体系审查

供应商品质体系审查，是企业为了使供应商交货品质有保证，定期对供应商的整个管理体系作评审。一般新供应商要作一次到几次，以后每半年或一年做一次，但如出现重大品质问题或近期经常被退货，且又不好变更供应商时，也必须去供应商处作一次品质体系审查。

其实施方式是：通过组织各方面专家定期对供应商进行审核，有利于全面掌握供应商的综合能力，及时发现其薄弱环节并要求其改善，从而从供应商的管理运作体系上来保证来料品质。

4. 定期评比

定期对供应商进行评比，促进供应商之间形成良性有效的竞争机制。

这种方法是指定期对所有供应商进行评分，一般每月将管理体系评分后的各供应商评分结果发送给供应商。该项方法对供应商品质保证有很多正面效果。

5. 供应商扶持

对低价位、中低品质水准的供应商进行供应商品质扶持计划。该方法是指对某些低价、中低品质水准的供应商，通过专业人员对其品质进行指导，并促使其在品质上有一定的提高，是验收方法中最具有远见的一种。

第四章 智能供应链之供应商管理

智能供应链管理实战手册

导言

在供应链管理思想的冲击下,采购商与供应商的关系已经逐渐成为了一种相互依存的合作关系,供应商的管理是供应链管理的重要组成部分。

一、供应商的选择

企业对供应商的吸引力决定着供应商对企业的忠诚度,企业选择供应商也应当讲究"门当户对、两情相悦",否则,合作不是不愉快,就是不长久。所以,企业在选择供应商的时候应当从自身的规模、知名度、采购量和付款能力等实际情况出发,选择"合适"的供应商,而不是选择"最优秀"的供应商。

那什么才是合适的供应商呢?具体条件如图4-1所示。

条件一	供应商的产品结构与企业的需求相适应
条件二	供应商的资质条件、研发能力、质量保证能力、生产能力和成本控制能力等基本上能够满足企业的要求
条件三	供应商有与企业长期合作的愿望,愿意按照企业的要求进行持续改进
条件四	企业对供应商的吸引力足够强大,有可能对其进行长期有效的控制

图4-1 选择供应商的条件

二、供应商的评估

现有能力评价是评价供应商的基本要素,如质量体系认证情况、研发能力、设计过程的质量控制能力、生产能力、生产组织方式、物流和制造过程的质量控制能力、成本控制能力、现有市场、对现有市场的服务情况、产品可追溯性、供应商管理能力等。但是,要选择合适的培养对象,只对其现有能力进行评价是不够的,还需要对其发展潜力进行评价,而且发展潜力应当成为确定培养对象的重点考虑因素,当现有能力与发展潜力不可兼得的时候,优先考虑发展潜力好的供应商。

通常情况下,企业评价供应商的发展潜力应包含图4-2所示的几个方面。

内容一	供应商的最高决策者是急功近利的"商人",还是有长远眼光的"企业家"
内容二	供应商的发展方向是否与企业的发展需求相一致,有无明确的战略规划,有无实现战略规划的具体行动计划和行动记录

内容三	供应商的质量目标是否明确，有无实现质量目标的行动计划和行动记录
内容四	供应商是否有质量体系升级计划，现有质量体系是否真正得到贯彻执行
内容五	供应商现有员工的素质能否满足其企业发展的需要，有无中长期人力资源发展计划
内容六	供应商现有的管理手段能否满足其企业发展的需要，有无改善计划
内容七	供应商的社会信誉如何，其关联供应商对其有无信心
内容八	供应商企业管理的基础性工作是否扎实，有无改善计划

图4-2　评价供应商的发展潜力应包含的内容

三、供应商交期管理

交期是指从采购定货日开始至供应商送货日之间的时间长短。基于时间竞争的供应链管理已成为企业的主导战略，供应链的响应能力和反应速度取决于供应链各环节间的交货时间。压缩交期已成为供应链管理和企业运作关注的焦点。

以往，在面临供应商很长又不可靠的交期时，通常都会直接采取较被动的方法，如准备安全库存、催货等，这都无法从根本上解决问题。较主动的方法是从了解交期的构成基本前置时间要件开始，只要找到问题的源头，就能有效地管理供应商的交期，在此介绍七种有效做法。

1. 降低供应商的变异性

供应商的产能短期来看是固定的，需求的变动会影响供应商的工作量，也直接影响到交期。在依订单生产的形态下尤其明显，交期时间通常较长。

供应商面临的需求变动，实际是由客户下单的模式所造成的，当客户（采购）更改数量、更改交货日期，或频繁地更换供应商，供应商所面临的需求也跟着变动。企业需求与供应商的关系如图4-3所示。

客户（采购）的下单模式，则与其主生产排程有极大的关系，因此，采购最好将重点放在与供应商沟通上，让采购了解供应商的产能分配状况，而供应商也要能了解客户的实际需求，使供应商的产能分配能配合实际客户需求的变动。

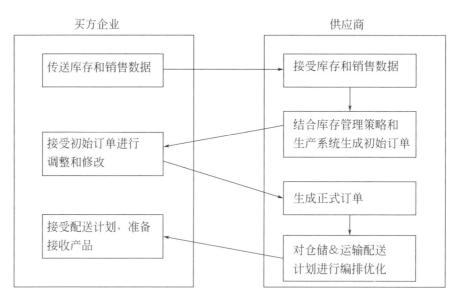

图4-3 企业需求与供应商的关系

2.缩短整备时间

供应商整备时间的改善可以增加生产排程的弹性，并且降低生产的时间，在JIT的生产环境下，其影响尤其显著。

降低整备时间的方法如图4-4所示。

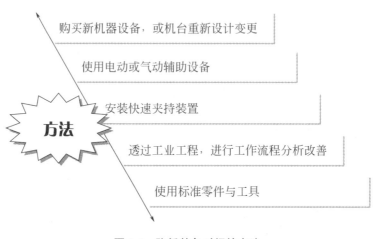

图4-4 降低整备时间的方法

3.解决生产线上的瓶颈

非连续性制程中，要依需求量来平衡每一个工作站的可利用产能，是非常难的事，总会有一些工作站忙不过来，而一些工作站却闲置着。那些忙不过来的工作站就会造成瓶颈现象，而瓶颈会影响产出量的多寡，也会影响整个制造交期。

（1）有关瓶颈现象的一些重点

① 非瓶颈工作站的利用，并不在其产出量，而在其他工作站的限制。

② 非瓶颈工作站并不因为每次被使用到，而会有百分之百的产出。

③ 生产线的产能，主要是由瓶颈工作站的产能所决定。

④ 非瓶颈工作站时间的节省，对交期没有任何帮助。

⑤ 产能与需求优先级，必须同时被顾及。

⑥ 工作量可以，也必须做适当的分配。

（2）对于上述瓶颈，可采取下列对策

① 在每一瓶颈工作站前，安排缓冲库存区。

② 控制材料进入瓶颈工作站的速度。

③ 缩短整备时间，以增加瓶颈工作站的产出量。

④ 调整工作量的分配。

⑤ 变更生产排程。

4.改善运送时间

运送时间与供应商和客户之间的距离、交货频率以及运输模式有直接的关系。使用当地的供应商可大幅降低运送的时间，如果供应商位于海外，无论海运或空运，寻求一个信用良好、价格合理、效率高的货运承揽业者是非常重要的，如货物需要上栈板，货柜内的空间利用也要加以详细计算。若是货品不多，也可考虑并货的方式，来节省出货成本及时间。

5.减少行政作业时间

行政作业时间的减少，可通过良好的沟通、正确的资料，以及有效率的采购作业流程来实现。采购作业在公司内部与各公司间信息的流通占有相当多的比重。

快速的信息沟通可通过不同形态的工具来达成，这包括了利用电子资料交换、条形码、传真、电子邮件、电话或是交互式多媒体，加上人造卫星的作用，信息可快速地传递到任何角落。

小提示

在主生产排程确定后，要避免紧急插单的情况发生，任何插单的动作都会引起排程的混乱，对交期的延误有扩大加乘的效果。

6.JIT 采购

JIT 采购也可有效解决供应商交期管理，具体内容见本书第三章。

7.让供应商管理库存

VMI 全称 Vendor Managed Inventory，简称供应商管理库存，这是一种在用户和供方之间的合作性策略，对供需双方来说都是以最低的成本优化产品的可获性，在一个相互同意的目标框架下由供方管理需方的库存。

VMI 的主要思想是供应商在需方用户的允许下设立库存，确定库存水平和补给策略，拥有库存控制权。其实施方法如图 4-5 所示。

图 4-5　VMI 的实施方法

（1）改变原有的订单处理方式，建立标准化的托付订单处理方式。供需双方共同协定安全库存量、最佳库存量、订货批量等信息，形成统一的、标准化的订单处理方式，供应商全权负责订单下达、货物运送、信息处理等具体操作环节。

（2）实现库存的透明化状态。实现库存的透明化状态是实施 VMI 的重中之重。VMI 使得库存呈现透明化状态，销售商的库存信息能够及时传递到供应商，供应商依据市场预测需求和库存状况，随之改变企业的生产计划。信息的及时传递和共享是成功实施 VMI 的首要前提，为此供应链信息共享机制的形成迫在眉睫。机制的形成分为图 4-6 所示的两个阶段。

阶段一	核心企业与其上下游企业作为供应链的成员，运用相同的信息管理系统，实现多个企业的同步化运作，从整体出发制订业务计划，共享资源和信息，发挥整体优势
阶段二	其重点是创建统一的操作标准以及信息传递和共享规范机制等，强调体系的一致性和标准化。当企业运行 EDI 系统时，务必使用文件的标准模式，不能任意更改格式，否则信息系统将陷入瘫痪状态。只有创建统一的信息系统架构，才能保证信息的及时传递和共享

图 4-6　形成供应链信息共享机制的两个阶段

VMI的正确打开方式

1. 选择合适的供应商伙伴

客户在选择供应商的时候应该设定一定的标准,比如供应商每年的采购金额。

例如,年采购额低于10万元人民币的供应商,净利润按照8%来计算,那么这家供应商就不太可能为了赚8000元来配合客户做VMI。所以,在挑选合作伙伴的时候,首选的供应商一定是要一起配合了较长时间的。双方在之前的合作过程中已经建立起了相互信任的基础,在此之上,VMI项目才能顺利地实施下去。

2. 双方共同制定VMI协议

双方一起制定VMI协议,明确货物的所有权转移节点、付款条款和考核标准。

3. 信息共享

VMI项目成功的关键是合作双方分享真实的信息,包括促销计划、产品生命周期、需求预测、库存数据和货物在途信息等。

4. 具备专业的物流服务供应商

第三方的VMI仓库负责集中管理各个供应商的物料,通过规模效应来降低物流成本。合格的VMI仓库需要有高度信息化的仓库管理系统,为客户和供应商提供准确的库存信息和进出库记录。

物流服务供应商还可以为客户提供一些增值的服务,比如入库检验、更换产品包装、更换入厂标签和回收空箱等。

5. 设定合理的MIN/MAX库存

VMI设定的库存目标既不能过高,也不能过低,需要有一个合理的MIN/MAX(最小量/最大量)库存区间。

那如何设立合理的库存范围呢?

首先,是最低库存的设定,底线是必须保证客户生产不会中断,库存数量足够多到下一次补货的到达。

$$MIN库存数量 = 每天的平均需求量 \times 安全时间(天)$$

安全时间的设定根据供应商的情况而定,交货质量越是稳定,运输时间越是短,时间可以设置得较短;反之安全时间就要设置得更长。安全时间应该包括以下方面。

（1）运输时间。从供应商工厂到VMI仓库的全部运输时间。

（2）VMI仓库作业时间。包括仓库入库、理货、出库的操作时间。

（3）缓冲时间。可以预留一些额外的时间作为缓冲，来应对可能出现的意外情况。

其次，是最高库存的设置，这方面需要考虑的主要是VMI仓库的存储能力，同时供应商也要考虑到库存越高，所需要承担的库存持有成本也越高。

总之，VMI不是单纯地转移库存资金压力的工具，而是有效缓解牛鞭效应的管理利器。VMI成功实施的关键是客户与供应商建立起长期信任的合作关系，共享真实的销售预测信息，建立合理的补货流程，培训员工共同有效地进行管理。

四、供应商绩效管理

供应商供应绩效考核是在已经认可的、现有的供应商中进行实际表现的考核，考核的主要目的是了解供应商的表现、促进供应商改进，并为供应商奖励、供应商优化提供依据。

1. 供应商评分体系的建立

不同行业的供应商，其评分体系也不完全相同，但通常都有交货品质评分、配合状况评分、供应商管理体系评分三个主项，再加上其他评分项目，组成供应商评分总体架构。

在实际运作过程中，可设置不同的项目，对其评分时间和次数也可根据情况来设计。

比如，交货品质可根据具体的交货状况分为每批评估一次和每月或每季评估一次；配合状况一般为每季评一次；管理体系评估一般是根据目前ISO 9000的要求，在初次成为合格供应商之前评估一次，以后每半年或每年评估一次，再就是在出现重大质量问题时评估一次；其他项目评分则视具体内容而定，若把价格因素纳入，且价格是每个季度重审一次时，则就需要每个季度评一次。

为了管理和运算的方便，在总体评分架构上，通常设定总分为100分，各主项的权重（或称为比重）用百分比来设定，如图4-7所示。

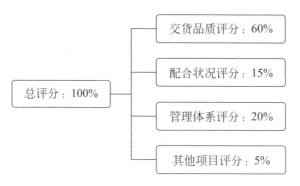

图4-7 各项评分的权重

总评分等于各项的得分状况乘以权重，其计算公式为：

$$总评分=交货品质评分\times 60\%+配合状况评分\times 15\%+\\管理体系评分\times 20\%+其他项目评分\times 5\%$$

（1）交货品质评分指标的设计。交货品质评分，是指对供应商交货时的品质状况进行评分，通常包括单批交货品质、批次交货品质、追溯品质三个方面进行评分。为了管理和实际运作上的方便，通常将该项评分总分设为100分，然后将各个项目定义为100分，并设定它们各自的权重，如图4-8所示。

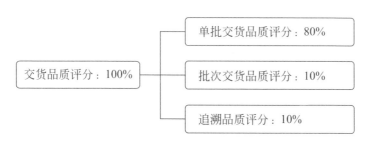

图4-8 交货品质评分的权重

其计算公式为：

$$交货品质评分=单批交货品质评分\times 80\%+批次交货品质评分\times\\10\%+追溯品质评分\times 10\%$$

（2）配合状况评分指标的设计。配合状况评分是指对供应商响应企业的各种要求所做的配合事项进行评分，通常包括沟通状况和品质投诉处理两项。

当然，不同的企业应根据企业现状、供应商现状、供需关系状况设立不同的比重，如企业本身规模较小或新成立不久，则沟通状况和抱怨处理应占较大比重；如企业规模较大且成立很久，则改善状况所占比重应相对较高。

（3）管理体系评估指标。管理体系评估是指对供应商的管理运作体系进行评估,主要评估其管理体系是否完整、有效,是否具备合理性、健全性、高效性等运作机制,通常包括相关认证评估、内部管理评估两部分。

2.供应商绩效考核的步骤

供应商绩效考核是供应链管理的基础,也是供应链风险控制的重点。在现代企业中,对供应商的管理不仅仅是与物料、服务、采购有关的交易,还应包括对供应商考核体系的构建和及时的动态评价。对供应商进行绩效考核的目的在于站在提高企业竞争力的角度,动态地、适时地依据考核体系确定的指标和分配分值对供应商进行考核、分级、奖惩等,确定其是否实现预期绩效;通过考核形成相应的文件,为管理者提供必要的对供应商决策的依据。

一般来说,企业对供应商进行绩效考核的步骤如图4-9所示。

(1)确定考核策略,划分考核层次。对供应商绩效考核的一般做法,是划分出月度考核、季度考核和年度考核(或半年考核)的标准及所涉及的供应商。

① 月度考核一般针对核心供应商及重要供应商,考核的要素以质量和交期为主。

② 季度考核针对大部分供应商,考核的要素主要是质量、交期和成本。

③ 年度考核(或半年考核)一般针对所有供应商,考核的要素包括质量、交期、成本、服务和技术合作等。

进行分层次考核的目的在于抓住重点,对核心供应商进行关键指标的高频次评估,以保证能够尽早发现合作过程中的问题。对于大部分供应商,则主要通过季度考核和年度考核来不断检讨,通过扩充考核要素进行全面的评估。

(2)供应商分类,建立评估准则。确定考核策略和考核层次之后,接下来要对供应商进行分类,进一步建立评估细分准则。这一阶段的重点是对供应商供应的产品分类,对不同类别的供应商建立不同的评估细项,包括不同的评估指标和每个指标所对应的权重。

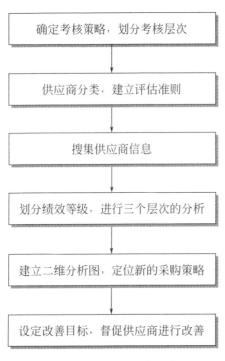

图4-9 供应商绩效考核的步骤

举例来说，某电子制造企业在供应商月度评估时，对IC类供应商和结构件供应商进行考核。对于IC类供应商，供货周期和交货准确性是关键的评估指标；而对于结构件来说，供货弹性、交货准确性和质量是关键的评估指标。

进行供应商考核一般采取平衡记分卡工具。

比如，某制造企业于2017年第二季度针对某结构类供应商进行季度考核，考核表设定了成本、质量、交期和服务四个主要评估要素，然后对每个要素设定了相应的权重；针对每个主要评估要素，又分别设定了具体的评估指标，以及相应的权重。

> **小提示**
>
> 需要特别指出的是，考核策略需要根据不同层次、不同供应商类别，结合企业具体的管理策略进行定义。

（3）搜集供应商信息。供应商信息的搜集，主要是收集供应商为企业提供物品供应过程中所产生的各种信息，包括质量、价格、交货的及时性、包装的符合性、服务与工作配合等。

（4）划分绩效等级，进行三个层次的分析。采用平衡计分卡工具对供应商的每一项指标进行具体考核后，接下来要对供应商的绩效表现划分等级，比如将供应商绩效分成五个等级。依据等级划分，可以清楚地衡量每家供应商的表现。

掌握了每家供应商的表现之后，要对考核结果有针对性地分类，采取不同的处理策略。首先进行供应商的绩效分析。具体来说，可从图4-10所示的三个层次进行。

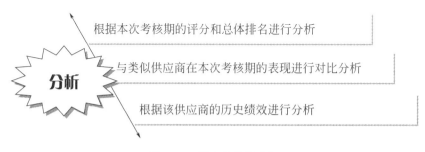

图4-10 供应商绩效分析

通过这些不同维度的分析，可以看出每家供应商在单次考核期的绩效状况、该供应商在该类供应商中所处的水平、该供应商的稳定性和绩效改善状况等，从而对供应商的表现有一个清晰全面的了解。

（5）建立二维分析图，定位新的采购策略。根据供应商的绩效表现对供应商进行重新分类后，可以有针对性地调整采购战略。以供应商绩效和考核期所采购金额为轴，绘制二维分析图，x 轴表示供应商绩效，y 轴表示本期采购金额。图中的每一个圆代表一家供应商，圆的半径则表示企业同该供应商的采购数量，如图 4-11 所示。

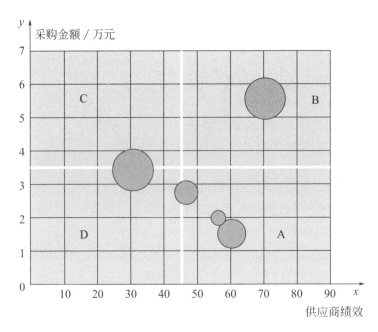

图 4-11 供应商绩效分析

图 4-11 所示说明如下。

把图分成 A、B、C、D 四个象限。比如说，在 A、B 两个象限中，供应商绩效表现相对良好，因此，无论向该供应商购买多少金额，都可以暂时不用太多关注。

处于 C 象限表示向该供应商购买的金额很大，而该供应商的绩效表现并不好，这是最需要研究的部分。针对这一部分，要根据实际情况尽快作出决定，是寻找替代供应商还是采取措施要求供应商进行改善。

处于 D 象限的供应商，绩效表现不好但采购金额不大。通常处于这一部分的供应商都不是一些关键供应商或不可替代的供应商，完全可以采用更换供应商的策略以做调整。

（6）设定改善目标，督促供应商进行改善。把供应商分类之后，对于希望继续合作但表现不够好的供应商要尽快设定供应商改善目标。改善的目标一定要明确，要让供应商将精力聚焦在需要改善的主要方面。

比如，绩效考核之后，可能该供应商有五项指标做得不好，但企业希望供应商对其中的两项指标能尽快改善，那么就将这两项指标及企业所希望达到的水平反馈给供应商，让他们在下个周期里重点改善这两项指标，而不是其他三项指标，从而让供应商的努力同企业的期望达成一致。

3.供应商绩效考核后的处理

（1）供应商分层管理。根据供应商的综合考核得分对供应商进行级别划分，可将供应商划分为"优选供应商、合格供应商和问题供应商"三个级别，并根据所划分的级别及时改进企业与供应商的合作策略，解决市场变化带来的问题，避免损失及规避风险。具体如图4-12所示。

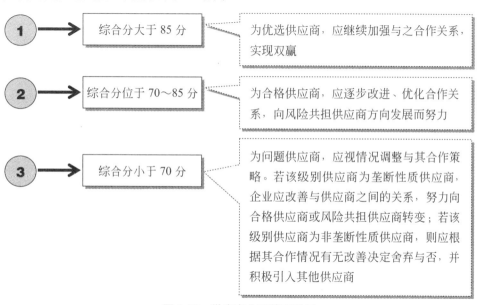

图4-12 供应商分层管理说明

（2）有效激励供应商。对供应商实施有效的激励，有利于增强供应商之间的适度竞争。保持供应商之间的适度竞争，保持对供应商的动态管理，提高供应商的服务水平，可降低企业采购的风险。

实施对供应商的激励之后，要高度关注供应商的行为，尤其是受到负激励的供应商，观察他们实施激励前后的变化，作为评价和改进供应商激励方案的依据，以防出现各种对企业不利的问题。

（3）协助供应商改善绩效。对于一些绩效考核不好却又基于价格或其他原因不能放弃的供应商，有必要采取措施协助供应商改善绩效，协助供应商建立一个有效的品质控制系统，具体如图4-13所示。

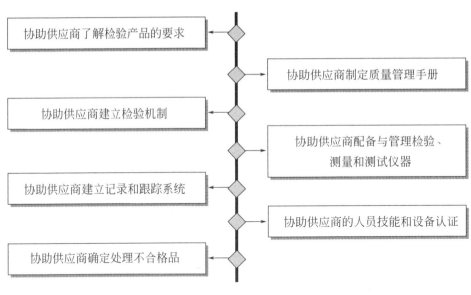

图4-13 协助供应商改善绩效

① 协助供应商了解检验产品的要求。当供应商接受采购订单时,如果对产品的要求都了解不清楚,则可以想象其产品质量会如何。而解释对产品的要求是采购方的责任。产品的要求可能是清晰的,也可能是暗含的,或是两者都有。清晰的要求很容易在采购方提供的图纸、规格、检验程序、技术说明及报价要求中找到,而暗含的要求则由于未定义很难查找出来。所以,供应商在这方面常出错。采购方有必要指导他们了解检验产品的要求。

② 协助供应商制定质量管理手册。如果供应商没有建立质量管理手册,采购方可协助其建立。

质量管理手册应阐述供应商的政策声明、规程、工作指示和可应用的过程规格。在规模大、架构设置复杂的公司中,可能有必要将质量管理的内容分解到不同文件或手册中,以利于有效使用。

③ 协助供应商建立检验机制。检验是供应商控制其产品质量的一个重要手段。对于制造企业来说,检验按功能通常分为进料检验、制程检验和最终检验。

a.进料检验。关于进料检验机制,应协助供应商确定或优化以下事项,如表4-1所示。

b.制程检验。在一些企业,可以应用过程中检验对不合格品产生的过程提供早期诊断。与进料检验相似,对过程中检验的要求由内部功能关系方面的考虑、运营成本和客户规模确定。功能方面的考虑主要与参数有关,必须保证这些参数在产品被封装或被后续工艺掩盖之前符合规格;必须比较失误成本(工厂内和客

表4-1 应协助供应商确定或优化的事项

序号	优化事项	具体说明
1	进料检验的要求	进料检验的要求由功能上的考虑、操作成本和应用规格几个方面来确定,这些要求是相互关联的,并受库存、周转时间、卖家担保等因素的影响。 对于功能方面的考虑,包括在装配前对选定的测量和测试进行验证的需要。操作成本的考虑是通过进料检验来验证采购产品的合格,还是在下一次装配时测量。例如:当库存流动时间很少时,初始的进料检验可能只是对计数、运输破损、编号而言,而对产品是否合格的检验则与部件检验相结合。必须权衡在装配时进行进料检验与处理产品的成本,以及保质时间
2	进料检验的程度	进料检验的程度是指在递交报价之前,要求检测所有的原材料和加工过的材料,将大大地影响周转时间和运营成本
3	进料检验系统	进料检验系统是指进料部门应有一个检查接收产品的系统,它应包括检查运输破损、认可数量、检查证明或检测数据、运输文件编号、批次管理等信息
4	检验指示	检验指示的编写和发布应严格按照采购合同要求进行,应包括可实施的规格、检验设备、抽样方案和材料控制要求
5	检验结果处理	检验结果处理是指进料检验必须能够在证实所要求的证明、规格和参数都达到要求之前,拒绝接收产品。检验结果应记录下来,并向采购、工程和质量人员提供,检验结果应归档到能够检索的档案中加以更新
6	不合格品的处理	不合格品的处理是指必须对不合格的材料和产品进行鉴别、隔离、保存等待处理。采购人员应通知供应商并落实纠正措施,质量保证部门应采取后续措施

户的)与过程中检验的成本;必须考虑可靠性、客户可接受性、真实性及由于潜在缺陷可能引起的责任纠纷诉讼等。

过程中检验经常包括生产前的第一批试制品检验,它验证操作人员、机器和相关的设置能够生产出可接受的产品;与其他具体的检验相同,执行时应有记录。

c.最终检验。关于最终检验机制,应协助供应商确定或优化以下事项,如表4-2所示。

表 4-2　应协助供应商确定或优化的事项

序号	优化事项	具体说明
1	检验范围	最终检验是在运输前保证产品符合企业要求的最后机会，检验范围应根据进料检验和过程中检验的产品复杂程度、车间缺陷率水平、企业使用信息及可能的责任诉讼等确定
2	检验和测试程度	一些企业指定检验和测试的程度，产品从抽样到100%检验，也指定了结果和记录的维护。检验记录应包括接收总量、批次编号、接收数量、缺陷数量、缺陷实质、日期、检验员编号等。检验记录的形式应能够保证在需要时很容易进行查询和阅览。这些反映质量控制方法的记录，在产品失败引起事故的情况下可能是非常重要的，否则可能会涉及巨额赔偿
3	辨别和隔离不合格品	辨别并隔离不合格的材料和产品是一个好方法。不合格的、需要修理或返工的产品必须再次接受检验，批准运送不合格产品必须详细记录、管理；可能时，在最终检验被接收的产品上应有图章（或印记）表明接收并注明检验人员姓名

④ 协助供应商配备与管理检验、测量和测试仪器。准确的检验测试依赖于对所有设备的校正和管理，以及对所有测试仪器、工具、夹具、量尺以及标准的正确维护。

⑤ 协助供应商建立记录和跟踪系统。供应商应对发送给采购方和最终用户的产品质量负责，因此也需要对从其他供应商或分销商采购的制造产品的材料和零件的质量负责。

⑥ 协助供应商的人员技能和设备认证。在供应商制定生产和销售产品的经营计划时，采购方管理层应确定所需的设备和设施类型，还应确定员工所必需的技能。这些技能涵盖从工程、制造、检验，到运输的包装各方面，制造技能包括稀有材料的连接方法或黏结加工、有害物品的搬运、化学处理、焊接、进行非破坏性测试和检验等。

⑦ 协助供应商确定处理不合格品

a. 处理不合格品的措施。处理不合格品的措施如图4-14所示。

b. 设立检查小组，找出不合格品的原因。许多因素能导致不合格品的产生。由于不合格品的废弃、修理、返工都意味着附加操作，所以不合格品会增加成本。生产厂应在经济上可行的范围内，找出并纠正那些造成不合格的原因。

| 措施一 | 找到防止缺陷的方法。由于多数生产工艺过程不可避免地会生产出一些有缺陷的产品，每个工厂都必须找到方法防止进一步生产、完成或发送有缺陷的产品 |

| 措施二 | 一旦发现有不合格品，应立即将它隔离，以保证采取适当的措施加以控制或找出有缺陷的产品。必须在有缺陷的产品上清晰地标上记号，并将它们清除出正常的工作流程，放到一个特殊的存放地 |

图4-14　处理不合格品的措施

供应商应运用自己的经验，并通过非正式的咨询或在允许的情况下，通过高级管理层任命的正式检查小组来处理。小组的职责应包括：检查产品编号、检查产品的生产阶段、不合格产品的内容和范围、技术鉴定和决定、生产者采取的处理措施、对相关各方的改进建议。

不论是正式的还是非正式的，检查小组都必须检查经常生产不合格品的工艺过程的各个方面，应不断进行调研，直到进行正确的处理为止。检查小组必须找到产生不合格的个体的或集体的根源，并保证采取正确的措施。

c.处理不合格品的方法。处理不合格品的方法包括报废、返工、修理和审批后的妥协使用。所有正在进行或已经修理过、返工过的产品都必须与其他产品分开放置，直到检验或测试证明适用于生产为止。应保存对不合格品、改正措施和处理过程的记录，以便将来作比较。

d.发现有不合格品应通知采购方。当零件不符合采购方企业要求时，供应商有责任通知企业，在知情的情况下发送不合格品是不道德的。

 **相关链接**

苹果对供应链的全流程管理

苹果的全球采购供应经理（GSM）对供应商的管理是对整个供应链的全流程管理，包括需求计划、物料追踪、生产制造、品质控制、仓储、物流、信息安全、社会责任等，且涵盖整个产品周期，从新产品导入到量产再到项目收尾结束。

在供应商管理的合作组织内，有下面这样一些角色。

SDM：管生产需求计划。

MPM：管物料齐套。
GSM/OEM：管采购和供应。
TPM：管技术。
OPM：管生产运营。
SQE/PQM：管品质。
EPM/PD/ID/MD：管研发、工程和技术。
SR/EHS/Security：管社会责任、环境、安全。

在产品生命周期的每个阶段，采购供应经理都需要进行跨部门的沟通和协作，与团队成员共同达成交付目标。管理过程中，苹果内部协作非常依赖采购供应经理的个人经验和沟通协调能力。对于外部供应商管理，管理的要素无非是："人，机，料，法，环"，通常用统一的管理工具和模板对供应商进行业务跟踪、管理和控制。

比如：

对计划的管理，有统一的MPS和Forecast模板；

对物料的管理，有统一的CTB模板；

对每天的生产管理，有统一的IOS模板；

对人力的跟踪管理，有统一的Labor tracker模板；

对于产能，有统一的Capacity plan模板进行梳理和跟踪；

对于每天的品质报告，有统一的图表分析格式。

模板的数据逻辑很重要，每天的跟踪更重要，通过随时刷新精确数据来进行追溯和管理。

（1）苹果对多级供应商管理需求预测的流程范例

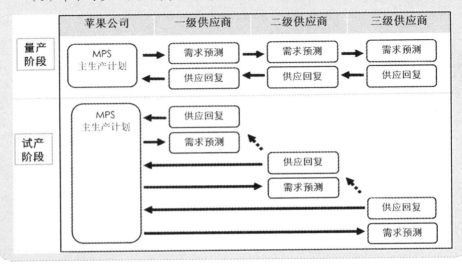

流程说明：

MPS（Master Production plan），即主生产计划；

苹果对供应商的管理不止于一级，常常会管理到次级供应商，二级、三级供应商以上，而管控是从需求的发放开始的，为避免牛鞭效应的放大，在NPI阶段，苹果自己管控需求并根据供应商的反馈动态调整需求。

（2）苹果对需求进行管理MPS的模板范例

FY18Q3			Wk 1 Ending 4/8/17	Wk 2 Ending 4/15/17	Wk 3 Ending 4/22/17	Wk 4 Ending 4/29/17	Wk 5 Ending 5/6/17	Wk 6 Ending 5/13/17	Wk 7 Ending 5/20/17	Wk 8 Ending 5/27/17	Wk 9 Ending 6/3/17	Wk 10 Ending 6/10/17	Wk 11 Ending 6/17/17	Wk 12 Ending 6/24/17	Wk 13 Ending 7/1/17
机型名称															
ABC	本周	每周需求	5,603	36,293	21,749	19,517	18,655	17,106	13,301	4,503	2,147	0	0	0	0
		累计需求	5,603	41,896	63,644	83,162	101,816	118,922	132,224	136,726	138,873	138,873	138,873	138,873	138,873
	上周	每周需求	20,357	20,357	20,807	19,697	18,102	17,085	15,993	3,683	2,792	0	0	0	0
		累计需求	20,357	40,714	61,521	81,218	99,320	116,405	132,398	136,081	138,873	138,873	138,873	138,873	138,873
	差异	每周需求	-14754	15936	942	-180	552	21	-2691	820	-645	0	0	0	0
		累计需求	-14754	1182	2123	1944	2496	2517	-174	646	0	0	0	0	0

流程说明：

对每周的生产需求，包括周需求和累计需求做未来连续13周的差异对比。如果出现负值，则要警惕注意。

（3）苹果对物料进行管理的CTB模板范例

X项目			Mar WK1	Mar WK2	Mar WK3	Mar WK4	Mar WK5	Apr WK1	Apr WK2	Apr WK3	Apr WK4	May WK1	May WK2	May WK3	May WK4
X项目 MPS															
X项目 CTB															
X项目缺料第一名															
X项目缺料数 to MPS															
WW MPS 2018-3-1			Mar WK1	Mar WK2	Mar WK3	Mar WK4	Mar WK5	Apr WK1	Apr WK2	Apr WK3	Apr WK4	May WK1	May WK2	May WK3	May WK4
X项目Weekly CTB															
X项目需求数MPS															
X项目总产能															
供应	供应商	LT	Mar WK1	Mar WK2	Mar WK3	Mar WK4	Mar WK5	Apr WK1	Apr WK2	Apr WK3	Apr WK4	May WK1	May WK2	May WK3	May WK4
A料															
B料															
C料															
X项目CTB															
X项目CTB缺产数数															
X项目CTB缺料第一名															
缺料差异			Mar WK1	Mar WK2	Mar WK3	Mar WK4	Mar WK5	Apr WK1	Apr WK2	Apr WK3	Apr WK4	May WK1	May WK2	May WK3	May WK4
A料															
B料															
C料															

流程说明：

CTB（clear to build），即对可以生产的齐套物料的简称；

将所有物料列在一个总表中，对物料进行连续13周的预测，通过需求和供应的比对，预测未来齐套料的状态，找出瓶颈物料并在缺料前解决缺料问题。

（4）苹果对产能进行管理的Capacity plan模板范例

X项目产能数据	
每条线的平均生产循环时间	
每小时产出UPH	
每周工作天数	
每天工作班次	
每班次工作小时数	
效率目标	
良率目标	
每班次的日投入产能	
每条线的日投入产能	
每周的投入产能	
工人数	
每个工人的单位产出数	
生产线体数	
日最大产出产能	
周最大产出产能	
月最大产出产能	
季最大产出产能	
年最大产出产能	

产能良率和效率计划爬坡表								
周数	wk1	wk2	wk3	wk4	wk5	wk6	wk7	wk8
良率								
效率								

X项目名称	3-1 Mon	3-2 Tue	3-3 Wed	3-4 Thu	3-5 Fri	3-6 Sat	3-7 Sun	3-8 Mon	3-9 Tue	3-10 Wed	3-11 Thu	3-12 Fri
规划的UPH（白班）												
效率												
工作小时数												
投入的UPH												
每天的投入数												
良率												
产出的UPH												
每天的产出数												
规划的UPH（晚班）												
效率												
工作小时数												
投入的UPH												
每天的投入数												
良率												
产出的UPH												
每天的产出数												
每天的总投入数												
每天的总产出数												

流程说明：

Capacity plan，即产能规划。在新项目导入前必须要做的工作；

通过对产品生产时间进行科学和逻辑的计算，推导出日产能、周产能和月产能；

在新产品导入期间，对导入期8周内的良品率和效率做出计划；

根据推导和计算出的产能计划、良率计划、效率计划，对新项目每天的投入产出做出计划。

（5）苹果对每天生产投入产出进行管理的IOS模板范例

流程说明：

IOS（input-output-shipment），即投入产出和出货数；

驻厂人员需要每天跟踪的数据报表；

X项目名称	3-1 Mon	3-2 Tue	3-3 Wed	3-4 Thu	3-5 Fri	3-6 Sat	3-7 Sun	3-8 Mon	3-9 Tue	3-10 Wed	3-11 Thu	3-12 Fri
日产能												
总产线数												
已稽核线体数												
计划投入												
累计计划投入												
实际投入												
累计实际投入												
实际与计划差异												
计划产出												
累计计划产出												
实际产出												
累计实际产出												
实际与计划差异												
计划良率												
实际良率												
计划出货												
累计计划出货												
实际出货												
累计实际出货												
实际与计划差异												

通过投入、产出、出货这三个指标在计划与实际的差异比对中，发现问题并迅速解决问题。

（6）苹果对人力进行管理的Labor tracker模板范例

X项目名称	3-1 Mon	3-2 Tue	3-3 Wed	3-4 Thu	3-5 Fri	3-6 Sat	3-7 Sun	3-8 Mon	3-9 Tue	3-10 Wed	3-11 Thu	3-12 Fri
苹果人力需求												
其他客户人力需求												
总人力需求												
总招聘计划												
内部HR招聘												
内部推荐												
政府提供												
中介招聘												
第三方派遣												
实习生												
部门调转												
其他渠道												
上年度的离职率												
上年度的离职人数												
预计的总劳工数												
预计的劳工差异												
实际招聘结果												
内部HR招聘												
内部推荐												
政府提供												
中介招聘												
第三方派遣												
实习生												
部门调转												
其他渠道												
实际离职率												
实际的离职人数												
实际的总劳工数												
实际的劳工差异												

流程说明：

Labor tracker，对劳工人力进行跟踪管理的报表；

通过每天劳工实际到位情况，分析计划与实际执行间的差异，进行人力管理和跟踪，可以预测13周以上的人力情况。

五、供应商风险管控

随着现代社会的发展，供应商与企业的关系已由最初的纯粹买卖关系发展成为合作伙伴关系。在整个供应链体系中，供应商与其受众承担着供应链中环环相扣的责任，链条的断裂将严重制约企业的发展。因此，对供应商风险进行科学的评估，通过管理将风险降低或消除，是维持企业正常运营的必要条件。

1.供应商风险的类别

目前业界对供应商的风险还没有统一的说法，本书从不同角度，将风险分为表4-3所示的几类。

表4-3 供应商风险的类别

分类角度	风险类别	具体说明
外部风险和内部风险之分	外部风险	外部风险是指天灾人祸（如地震、洪灾、海啸、恐怖事件、战争、火灾、罢工）、宏观因素（PEST：指政治政策导向、经济周期、法律法规变更修订、技术变革和突破）、产业链格局发生变化、市场需求快速变化等的各种外在风险
	内部风险	内部风险是指供应商内部战略或策略发生变化、管理层骤变、道德和法律法规遵从风险、运营失控、财务危机、信息扭曲、系统崩溃、供应商代表的个人行为风险等
可控风险和不可控风险之分	可控风险	可控风险是指如供应商资质、上游供应商的产品和服务、供应商的运营管理、IT系统等方面的风险
	不可控风险	不可控风险是指如恐怖事件、劳工罢工停工、自然灾害、意外（随机）事故等方面的风险
关系型风险和客观存在型风险之分	关系型风险	关系型风险是指因沟通不畅，合作关系未能有效维护造成信任缺失或信息扭曲而产生的风险
	客观存在型风险	客观存在型风险则指与合作关系无关的，所有客观存在的导致供应商供应体系失败或损失的风险
系统风险和过程节点风险之分	系统风险	系统风险是整个供应链组织或体系顶层设计的Bug，这种系统风险从来就有，只是暂时没有发生，但是一旦发生灾难，很难修复，需要颠覆重新构建
	过程节点风险	过程节点风险是指采购和供应链管理流程中某个环节的风险，较易修正和改良

2.供应商风险识别与评估

在供应商管理过程中，企业可以按图4-15所示的步骤，识别每个供应商的风险水平，并且确定供应商进行现场评估和渗透测试的优先级。

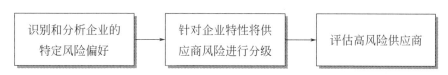

图 4-15 供应商风险识别与评估

（1）识别和分析企业的特定风险偏好。企业有必要从供应商服务的范围角度来考虑，如何采取更有效的风险评估方法。对每一个企业来说，并不是所有的风险都是关键。根据所在行业，需要首先识别企业自身特定的潜在风险，然后进行高、中、低风险分级。这将帮助企业确定处置重要安全风险的优先顺序，确保企业基于重要标准来评估供应商。

一个好的参考框架如下。

① 如果第三方发生泄密时，哪些信息带来的损失更大？这些信息中包括专利信息、客户财务信息、员工身份信息、其他第三方数据、财务和战略相关的信息等方面。

② 评估这些风险需要考虑与供应商的交互性和依赖性。针对带来的潜在影响来准确地进行分级，具体如图4-16所示。

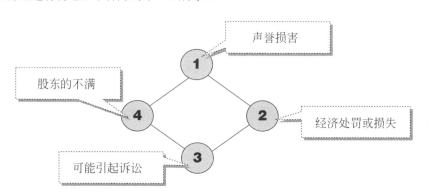

图 4-16 信息泄密产生的影响分析

这种风险识别和分析提供了一个更全面的评估方法，可以让企业能更好地评估供应商。

（2）针对企业特性将供应商风险进行分级。详细地评估供应商的风险，应该考虑企业和供应商之间关系来定义风险类型，比如下面几方面。

① 他们会访问企业的员工或客户数据吗？

② 他们会和企业的系统进行网络对接吗？

③ 他们会和第三方或分包商交换企业的信息吗？

通过对上面三种情况的分析，企业可以对供应商的风险进行分级，可将风险分为5个等级，极高、高、中、低和极低。

> **小提示**
>
> 在改善和更新您的供应商风险管理过程中，结合自定义的风险偏好去了解供应商服务风险是一个重要的步骤，以便对最关键的供应商开展委托评估进行核查，从而确定预算。

（3）评估高风险供应商。首先，利用必要的资源选择评估方法执行评估。要考虑的三个最重要的资源如图4-17所示。

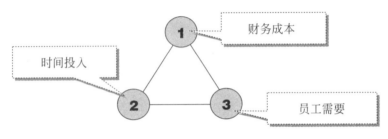

图4-17 资源评估法的要点

现场评估这种高资源投入方法是昂贵的，需要在现场投入多名专业人员，并且需要一段时间才产生结果。企业应该只对高风险供应商采取这些方法。对于其他供应商，可以委托评估，花费更少的资源，如调查问卷或供应商自我评估。

在完成对供应商和关键风险分级之后，开始评估供应商。这样可以确保企业对最有可能使你发生泄密的供应商进行资源的投入。这种灵活的和可扩展的框架可以应用于所有现有的和即将合作的供应商，优化资源，减轻企业的供应商的风险。

3.供应商风险管控措施

针对以上各种从不同角度分析归类的风险，作为企业，应该如何构建防风险和抗风险的能力和机制呢？作为专业采购，你如何才能帮助你的公司避免风险和事故的发生，或者在风险事故发生后，用最快的速度将风险解决掉呢？对此，可采取如图4-18所示的措施。

（1）一切从源头开始。从Sourcing开始，就必须着手风险控制。作为一家大公司的采购，为了降低风险，避免犯错误栽跟头，选择一些已经在业界有良好口碑的上市公司，总是不错的选择。毕竟证监会已经大浪淘沙、去伪存真，做了初步筛选。

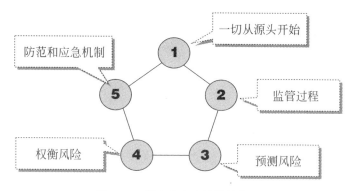

图4-18　供应商风险管控的措施

（2）监管过程。正如"质量"是做出来而不是检出来的一样。作为专业采购，为了确保供应商的供应安全，除了管理好采购品类和成本价格以外，你必须能够有效监控供应商内部的日常运作和管理，包括一切跟运营有关的事务：需求、采购、上级供应商、物料、生产、产能、库存、人力、设备、财务、汇率、工程、质量、信息系统甚至研发和市场。供应商提供给你的数据和报告必须是真实且透明的。作为专业采购，你必须能够看出数据的逻辑性，邮件或报表里的信息和数据是可以推导和演算的，并且可以通过你在现场的审计和稽核得到验证。除此以外，作为大采购的你，还得和供应商团队做好非正式沟通，有时候小道消息比正常渠道获得的信息还要宝贵和重要，谁都不希望自己成为最后的知情者。

（3）预测风险。关于供应安全以及是否存在缺料的风险数据，是可以用仿真模拟场景计算出来的。作为专业采购，你必须要具备这样的能力，"防患于未然"，在火燃烧前就灭掉火种，甚至不让火引燃。

（4）权衡风险。质量安全与供应安全既统一又矛盾，管质量的会hold住不让出货，而采购经理又急于出货避免更大的灾难，这时作为专业采购的你，需要做出明智的判断，用什么方法管控放行和平衡风险。

（5）防范和应急机制。作为企业，对供应商风险进行识别和归类，建立一整套对各种风险定期审计和稽核的清单，定期梳理和判别是非常必要的。如果供应商真的发生供应事故了，作为采购团队和公司管理团队，必须有一套恢复拯救的机制，集结公司最佳资源将火迅速扑灭掉，避免灾难和事故更大化。

在实际工作中，如果企业自身团队经验不足，可以请业界一些有经验的专家和顾问，共同研究打造符合企业自身状况的抗风险模型和预测风险的机制——"组织、流程、工具和办法"。

> **小提示**
>
> 企业真正的风险就是来源于企业的管理疏漏。供应商的风险其实就是来自你自己,管控风险的能力就是你作为专业采购的关键技能之一。

相关链接

苹果对供应商的信息安全有何要求

苹果对供应商的信息安全要求以"零释放、零泄漏"为最高原则。在新产品发布前,不允许做任何形式的任何泄密。任何采购人员不允许跟供应商谈任何关于新产品的信息。供应商如果不能做到信息安全和保密,是不能成为苹果供应商的。

在供应商端,对信息安全的要求体现在以下六个方面。

(1)库存管理。供应商必须对整个生产过程中的所有物件和物料能够跟踪和追溯。有强大的生产管理系统或物料管控系统对生产进行跟踪、管理,对物料定期盘点、精确统计和管理。这一点在新产品的验证期间尤其严格。

(2)报废管理。供应商对不良品、待报废品必须进行安全和加密存放,用正确的方法破坏产品的可视性和功能性,使其面目全非、无法识别。在新产品发布前不允许做报废处理,必须在新产品发布后,得到苹果相关人员的批准才能报废,且报废过程必须是在苹果或苹果批准的第三方公司的见证下完成,报废后的废料也需要由苹果指定的供应商拖走。苹果有一整套系统去管理和跟踪所有供应商的报废。

(3)进入限制和扫描。在供应商厂区,任何人进出苹果产线区域必须进行扫描,有专业保安进行。任何人没有特权,包括苹果的自己人,也必须得到相关负责人的批准,纳入可以进入苹果项目区域的名单之列,否则保安有权拒绝进入。任何电子产品也不允许随身带入产线,必须卸下由保安保管。

(4)相机管控。供应商的任何人不允许带相机进入苹果项目的产线区域,不允许进行任何拍照。如果苹果人员因工作需要带手机进去,必须持有特殊的工卡,且需要将手机摄像头贴上红色或黑色标签,而供应商内部人员只允许带只可以打电话的功能手机进行通信。

(5)视频监控。供应商必须安装视频监控系统,能够监控到所有物品和物料移动的完整路线,尤其是生产区域的出入口和仓库。

（6）信息保密。供应商必须严格保守苹果产品的秘密，包括性能、图片、参数、需求量、价格和未来技术走向等信息。苹果的logo和项目信息不允许出现在供应商的对外宣传资料中，苹果项目的人员必须有专用密码查询信息。一旦发生信息泄密，供应商将面临巨额的罚款。

信息安全和保密是苹果公司文化的一部分，一旦泄密会对市场产生巨大的负面影响，导致严重的后果。"神秘的苹果"，也是苹果获得商业成功的一个关键要素。

六、供应商扶持管理

供应商管理的常用方法是：对供应商的供货业绩进行监测，依据监测结果对供应商进行级别评定，实施分级管理，奖优罚劣，对不合格项进行整顿；定期对供应商进行重新评价，依据评价结果调整采购措施，淘汰不合格的供应商。

这是一种事后控制措施，对防止同一错误的重复出现有一定的帮助，但对于预防错误的发生和提升供应商的能力作用并不一定明显。众所周知，帮助供应商提升设计过程和制造过程的质量保证能力是确保来料质量的最好途径，将企业的进度管理延伸到供应商的生产和物流过程是保证及时交付的最佳办法，帮助供应商提升成本控制能力是降低采购价格的有效手段，所以，供应商管理一定要"恩威并施"，既要对供应商进行考核和奖惩，也要给予供应商必要的帮助。具体措施如图4-19所示。

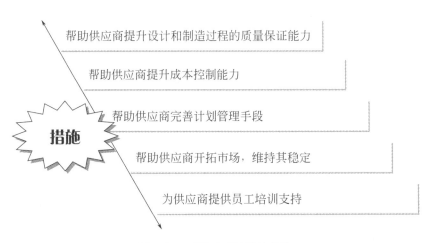

图4-19 对供应商的扶持措施

1.帮助供应商提升设计和制造过程的质量保证能力

零部件的质量归根到底是设计和制造出来的,所以,企业应尽可能帮助供应商对其设计和生产过程的关键环节进行控制,具体如图4-20所示。

环节	内容
环节一	主动与供应商沟通,让供应商精确掌握我们的要求
环节二	对供应商的APQP和PPAP过程进行监督和指导,给予供应商需要的技术支持
环节三	与供应商共同改进零部件的质量问题
环节四	与供应商共同完善其采购过程、制造过程的质量控制手段和方法
环节五	帮助供应商完善物流过程中的标识管理和不合格品(特别是让步接收件和返工件)控制等

图4-20 帮助供应商对其设计和生产过程的关键环节进行控制

2.帮助供应商提升成本控制能力

原料价格、库存量、生产效率、合格率、生产消耗等是影响零部件成本的重要因素,所以,除了帮助供应商提升质量控制能力外,企业应主动在其他方面给予供应商支持,具体如图4-21所示。

支持一	与供应商进行采购资源共享,帮助供应商开发更廉价的采购渠道
支持二	给予供应商尽可能充足的生产周期,采购量尽可能稳定
支持三	与供应商共同改善其物流和制造过程,减少无效劳动,缩短生产周期
支持四	与供应商共同探讨改善库存管理的办法,帮助供应商降低其原材料、在制品、成品的库存量
支持五	帮助供应商改善其生产工艺,减少生产过程中能源、辅料、耗材的消耗等

图4-21 企业可以给予供应商的其他方面支持

3. 帮助供应商完善计划管理手段

供应商能否快速、准确地接收企业的订单和能否将订单快速、准确地转化为相关部门的工作任务对交付的及时性有很大的影响，所以，供应商的计划管理手段与企业的计划管理手段应当具有兼容性。如果企业是通过互联网给供应商下达订单，企业应当督促、帮助供应商建立、完善相应的计划管理手段，确保供应商能够自动接收到企业下达的订单，并能够自动将订单转化为各部门的工作任务，而且还要保证企业采购部门能够对供应商的订单执行情况（如物料采购进度、生产进度、交付进度）进行即时监控。

4. 帮助供应商开拓市场，维持其稳定

当供应商出现生产任务不足，生产能力和人员出现过剩，有可能导致亏损、人才流失等严重情况时，企业应尽可能帮助供应商开拓市场，以维持供应商的企业稳定，从而保证零部件供应的持续性和稳定性。

5. 为供应商提供员工培训支持

帮助供应商提高其员工的技能和素养，以及让供应商的员工了解采购方、认同采购方，对采购方实现持续获得高品质、低价格、及时交付的产品和超越期望的服务的采购目标是很有帮助的，所以，企业应主动为供应商提供员工培训支持，如技术培训、管理培训、企业文化宣传等。

七、供应商的利益维护

供应商与企业合作的目的，是为了获利。如果不能获利，供应商就不会与企业合作，即使已经建立了合作关系，这种关系也不会长久。所以，要想让供应商忠诚于企业，持续为企业提供满意的产品和服务，必须主动维护供应商的利益，具体要求如图4-22所示。

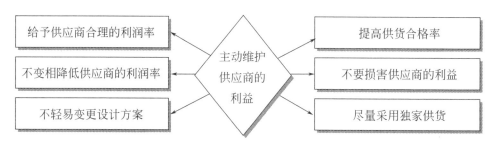

图4-22 主动维护供应商的利益

1. 给予供应商合理的利润率

有些供应商为了抢先占领市场，通常采取低价策略，待占领市场后再伺机提高价格或者在新产品上做文章，如果计划成功，他们会继续与企业合作，一旦计划落空，他们便有可能很快退出。所以，从长远看，即使在质量、服务同等的前提下，价格最低也不一定是最好的选择，关键要看利润率的合理性。

2. 不变相降低供应商的利润率

不要求供应商承担除协议规定以外的其他任何义务，不单方面提高产品要求或服务要求，变相降低供应商的利润率。因企业的原因造成产品要求提高或者服务要求提高，造成供应商成本增加的，应当给予供应商相应的补偿。

3. 不轻易变更设计方案

进入批量生产阶段后，设计方案应尽量维持稳定，非万不得已不要轻易变更。如遇非变更不可的，也应事先主动与供应商沟通，并做好相应的善后工作。

4. 提高供货合格率

当供应商的产品平均不良率（来料检验不良率、过程检验不良率、成品一次交验不良率的平均值）大于或等于利润率时，就意味着供应商可能在此产品上已经或正在出现亏损。为了保证供货的稳定性和持续性，应当立即主动派遣相关人员，与供应商共同改善其质量管理措施，提高合格率。

5. 不要损害供应商的利益

建立、健全防止员工腐败的制度，约束员工的行为，从制度上预防员工利用职权损害供应商的利益。防腐制度应重点对供应商选择、器件选型、方案选择、定价、制定合同条款、采购比例分配、质量控制、索赔等方面的行为进行约束。

6. 尽量采用独家供货

在供应商的供货能力能够满足我们的需求并没有大的过失的情况下，不轻易增加新供应商，即使有更好的价格也是如此。如非独家供货，在供应商没有大的过失的情况下，也不轻易降低采购比例或者改变采购方向。如果供应商在产品开发过程中或设计变更过程中有投入，必须从订单或者其他方面给予相应的回报。

八、供应商社会责任管理

在经济全球化的趋势下，世界市场日益形成相互依存、彼此互补的完整的产业链、供应链、价值链和市场需求链。企业社会责任不再是一个企业的单独行为，而是全球供应链包括制造商、供应商、采购商和品牌商共同的责任；企业社会责任也不再是一个国家的单独行为，而是一种世界潮流和趋势。

1. 供应商社会责任的起源

供应商社会责任源自20世纪90年代的"血汗工厂运动"，由此激发了西方社会各界对供应商社会责任的重视，西方消费者声势浩大的抵制运动对相关企业的品牌声誉和财务绩效都造成严重损失，进而快速推动了企业对供应商社会责任的重视。

目前，西方多数龙头企业已经初步建立起供应链责任的意识，他们在选取供应商之前会订立严格的社会责任要求，并对供应商的生产环境、用工情况做详细的调查和不断的检查，一旦出现任何问题则及时采取有效行动，避免相关风险。

经过近二十多年的发展，西方品牌大企业大多建立了一套完备的供应商责任管理制度。

> **小提示**
>
> 从西方供应商责任的理念及制度的发展看，也是社会和消费者的文明进步要求促进了品牌企业意识和行为的进步。

2. 供应商社会责任管理的意义

产品质量是企业社会责任建设之本。企业想获得长足发展，必须建立严格的产品与服务质量控制体系。在生产中加强责任心，严把产品质量关，只有产品质量达标，没有安全隐患，才能取信于顾客，才能立足于行业。企业的供应商往往共同参与企业产品的开发，供应商产品质量的改进对企业提高产品质量也有显著影响。为了确保产品的安全与质量，需要企业与供应商共同履行社会责任。企业为了增强对供应商的控制力，也要对供应商的社会责任提出一定要求。

当前，一些跨国公司（例如耐克、阿迪达斯、沃尔玛等）为了避免品牌形象受到影响，不仅自己制定了社会责任守则，同时也为供应商提供了清晰的行为准则，要求他们遵守高水准的职业标准和劳动法规，而且要求产品配套企业和合作企业均要遵守这些守则。有些企业甚至还设立了独立的监督体系，要对公司供应链中的供应商和分包商实施以劳工标准检查为内容的社会责任检查和审核。

3. 供应商社会责任管理的范围

供应链和供应商社会责任监管的范围包括，但不限于以下内容。

（1）没有被强迫的劳工。

（2）没有童工。

（3）没有犯罪现象。

（4）没有非人性的对待员工。

（5）工作环境和工作是健康且安全的。

（6）工资及时支付。

（7）无过度加班，仅在法律允许的范围内安排加班。

（8）生产过程可追溯。

（9）产品是健康的、安全的。

（10）企业遵守对环境保护的承诺。

（11）信息安全。

（12）企业和上游供应商都能遵守商业道德。

4. 供应商社会责任管理的措施

随着社会的进步，社会和公众对企业的要求越来越高，消费者和投资者要求企业承担起相应社会责任的压力也日渐增强，追求良好品牌形象的驱动力也迫使大型企业必须开始补充这一课。具体来说，对供应商进行社会责任管理的措施如图4-23所示。

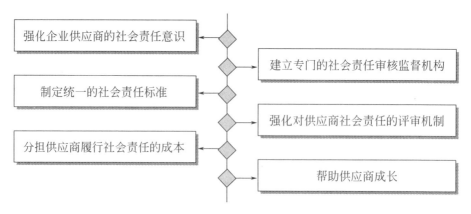

图4-23 对供应商进行社会责任管理的措施

（1）强化企业供应商的社会责任意识。对供应商企业进行社会责任管理，首先就要增强其社会责任意识，使其认识到推行社会责任是有利于企业健康发展和长期利益的行为，从而能够积极实施企业社会责任管理，完善企业运营理念。在追求利润的同时承担保护环境、保护劳动者权益的责任，为员工提供安全、健康的工作环境，给予员工合理的经济待遇，对员工的劳动技术进行培训。通过承担企业社会责任，成为有责任感和影响力的企业，树立良好的企业形象。

（2）建立专门的社会责任审核监督机构。企业应建立专门的社会责任审核监督部门，负责监督企业社会责任的管理及实施，并负责监督供应商的社会责任实施情况。企业通过该机构加强与供应商的信用沟通,共同组建供应链管理中的社会责任制度的战略联盟体,增加对供应商社会责任管理的公正性、透明度,力争企业社会责任行为在供应链中有效、舒畅地传递。

(3)制定统一的社会责任标准。企业对供应商进行社会责任管理,要有基于社会责任基础上的行为守则(COC)。COC是企业内部制定的,大多企业是比照SA8000标准(社会责任国际标准)对供应商实施的一些检测项目,而此标准与我国的国情不太匹配。企业应参考国际标准、遵照国家标准,联合供应商共同制定高度统一的企业社会责任标准、管理方式和行为准则,使该标准能够反映企业自身的社会责任特色,提高对供应商企业社会责任管理的有效性。

(4)强化对供应商社会责任的评审机制。对供应商企业社会责任管理在中国的实施方式,主要为公司检验和第三方认证两种方式,公司检验是最主要的实施方式。欧美企业都对其全球供应商和承包商实施社会责任评估和审核,只有通过审核与评估,才能建立合作伙伴关系。因此,企业应建立供应商管理的企业社会责任审计体系和档案库,做到公正、透明的审查,并将数据库评审档案用于向社会公示或作为便于各利益相关者了解执行情况的工具。

(5)分担供应商履行社会责任的成本。在"三鹿奶粉"事件中,正是由于上游原材料供应商社会责任的缺失,才引起整个供应链的坍塌。而问题的本质是在于在激烈的竞争环境下,企业将较多不合理的成本压力转移给上游供应链,而作为供应链的末端——奶农,则在利益的驱动下,采取了非法的措施来增加自己的收入。所以,企业不能不负责任地将履行社会责任的成本都压到供应商头上。若企业能够与供应商分担企业社会责任成本,则会在一定程度上增强供应商履行社会责任的积极性,更为双方的长期合作和稳定发展奠定基础。

(6)帮助供应商成长。很多公司为了避免社会责任风险,通常在发现供应商不能达到行为守则要求的时候解除订单。此种方法可能导致供应商破产和工人失业,其造成的社会影响也是恶劣的。因此,一个真正履行社会责任的公司,应该给予存在问题的供应商进行改进的空间和余地,并给予必要的资源及技术支持,帮助供应商履行社会责任,达到其社会责任审核标准。

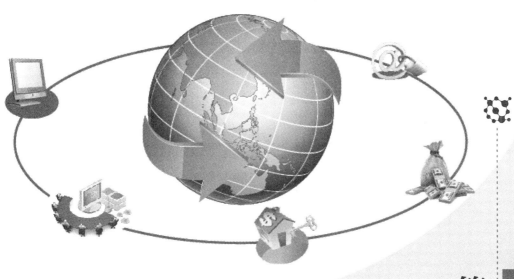

第五章 智能供应链之生产管理

智能供应链管理实战手册

导言

为了实现预期生产的品种、质量、产量和生产成本目标，企业应统筹组织工厂资源，安排生产计划和生产控制工作，这也是供应链管理的重要环节。

一、供应链生产管理的认知

1. 供应链生产管理的含义

供应链生产管理是指供应链中生产商管理生产并协调与其他供应链合作伙伴之间的关系的各种活动,主要解决如何计划与控制供应链中的生产活动问题。

2. 供应链生产管理的特点

供应链生产管理具有图5-1所示的特点。

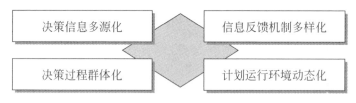

图5-1 供应链生产管理的特点

3. 供应链生产管理的要求

供应链生产管理的目标如图5-2所示。

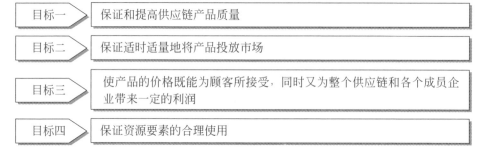

图5-2 供应链生产管理的目标

为了达到上述目标,供应链生产管理应满足图5-3所示的三个要求。

图5-3 供应链生产管理的要求

4.供应链生产管理的原则

供应链生产管理的原则如图5-4所示。

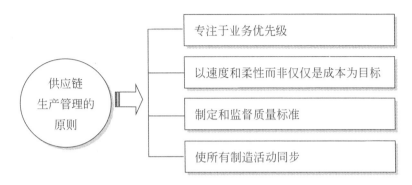

图5-4 供应链生产管理的原则

二、供应链生产系统的认知

1.供应链生产系统的概念

供应链生产系统是指可以在不同的地点完成供应链各项生产任务的所有部分组成的系统。按照生产地点是否集中在一个企业，它可以分为企业内部生产系统和企业之间的生产系统，供应链生产管理涉及的重点是企业间的生产系统。

2.企业间生产系统的合作

供应链企业间生产系统合作的前提条件如图5-5所示。

条件一	合作方之间关系高度透明，有关程序必须在内部进行广泛的交流并赢得支持
条件二	各合作方相互信任并且经常进行友好协商，同时与系统外部的企业甚至竞争对手建立良好的商务关系
条件三	数据交换必须在相应的约定下制定合理的规则，如确定交换的信息和利用信息的方式等
条件四	有一定的协调管理组织，负责生产系统合作措施与制度的实施

图5-5 企业间生产系统合作的前提条件

3.供应链生产系统的协调机制

企业可以利用电子数据交换系统（EDI）和Internet等技术手段，建立生产系统的协调机制，使信息无缝地、顺畅地在供应链中传递，使生产的各个环节衔接起来，避免"牛鞭效应"的产生，达到同步化响应市场需求变化、满足客户的不同需求的目的。

供应链生产系统的协调控制模式分为表5-1所示的三种。

表5-1 供应链生产系统的协调控制模式

序号	协调控制模式	具体说明
1	中心化协调	供应链作为一个整体纳入一个系统，采用集中方式决策，因而忽视了代理的自主性，也容易导致"组合约束爆炸"，对不确定性的反应比较迟缓，很难适应市场需求的变化
2	非中心化协调	过分强调代理模块的独立性，对资源的共享程度低，缺乏通信与交流，很难做到供应链的同步化
3	混合式协调	各个代理一方面保持各自的独立性运作，另一方面参与整个供应链的同步化运作体系，保持了独立性与协调性的统一

4.供应链生产系统的信息机制

在供应链生产系统中建立信息跟踪机制可以对各个代理之间的服务信号进行有效的跟踪和反馈，从而促进供应链生产与供应同步进行。这种信息跟踪机制可以从信息和非信息两个方面对供应链生产进行协调。

在供应链生产系统的信息跟踪机制中，最主要的是生产计划中的跟踪机制和生产进度控制中的跟踪机制，它们可以保证供应链生产和其他主要任务的完成。具体如表5-2所示。

表5-2 生产系统的信息跟踪机制

序号	跟踪机制	具体说明
1	生产计划中的跟踪机制	（1）在接到下游企业的订单后，建立针对上游企业的订单档案，其中包含了用户对产品的个性化要求，如对规格、质量、交货期、交货方式等具体内容 （2）对主生产计划进行外包分析，将订单分解为外包子订单和自制件子订单 （3）主生产计划对子订单进行规划，改变子订单在期与量上的设定，但保持子订单与订单的对应关系 （4）投入出产计划中涉及跟踪机制的步骤 （5）车间作业计划 （6）采购计划

续表

序号	跟踪机制	具体说明
2	生产进度控制中的跟踪机制	（1）生产进度控制的主要任务是依照预先制订的作业计划，检查各种零部件的投入和产出时间、数量以及配套性，保证产品能准时产出，按照订单上承诺的交货期将产品准时送到用户手中 （2）生产进度控制中的相应工作就是在加工路线单中保留子订单信息 （3）在生产进度控制中运用了多种分析方法

三、供应链生产计划管理

供应链管理环境下的生产计划与传统生产计划有显著不同，是因为在供应链管理下，与企业具有战略伙伴关系的企业资源通过物资流、信息流和资金流的紧密合作而成为企业制造资源的拓展。在制定生产计划的过程中，应考虑图5-6所示的因素。

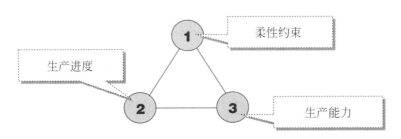

图5-6 编制生产计划需考虑的因素

1. 柔性约束

柔性实际上是对承诺的一种完善。承诺是企业对合作伙伴的保证，只有在这基础上企业间才能具有基本的信任，合作伙伴也因此获得了相对稳定的需求信息。

对生产计划而言，柔性具有多重含义。

（1）显而易见，如果仅仅根据承诺的数量来制订计划是容易的。但是，柔性使这一过程变得复杂了。柔性是双方共同制定的一个合同要素，对于需方而言，它代表着对未来变化的预期；而对供方而言，它是对自身所能承受的需求波动的估计。本质上供应合同使用有限的可预知的需求波动代替了可以预测但不可控制的需求波动。

（2）下游企业的柔性对企业的计划产量造成的影响在于：企业必须选择一个在已知的需求波动下最为合理的产量。企业的产量不可能覆盖整个需求的变化区域，否则会造成不可避免的库存费用。在库存费用与缺货费用之间取得一个均衡点是确定产量的一个标准。

（3）供应链是首尾相通的，企业在确定生产计划时还必须考虑上游企业的利益。在与上游企业的供应合同之中，上游企业表达的含义除了对自身所能承受的需求波动的估计外，还表达了对自身生产能力的权衡。可以认为，上游企业合同中反映的是相对于该下游企业的最优产量。因为上游企业可能同时为多家企业提供产品。

2. 生产进度

生产进度信息是企业检查生产计划执行状况的重要依据，也是滚动制订生产计划过程中用于修正原有计划和制订新计划的重要信息。在供应链管理环境下，生产进度计划属于可共享的信息。这一信息的作用在于以下方面。

（1）供应链上游企业通过了解对方的生产进度情况实现准时供应。供应链企业可以借助现代网络技术，使实时的生产进度信息为合作方共享。上游企业可以通过网络和双方通用的软件了解下游企业真实需求信息，并准时提供物资。这种情况下，下游企业可以避免不必要的库存，而上游企业可以灵活主动地安排生产和调拨物资。

（2）原材料和零部件的供应是企业进行生产的首要条件之一，供应链上游企业修正原有计划时应该考虑到下游企业的生产状况。在供应链管理下，企业可以了解到上游企业的生产进度，然后适当调节生产计划，使供应链上的各个环节紧密地衔接在一起。避免出现供需脱节的现象，从而保证了供应链上的整体利益。

3. 生产能力

企业完成一份订单不能脱离上游企业的支持，因此，在编制生产计划时要尽可能借助外部资源，有必要考虑如何利用上游企业的生产能力。

在上下游企业间稳定的供应关系形成后，上游企业从自身利益出发，更希望所有与之相关的下游企业在同一时期的总需求与自身的生产能力相匹配。

四、供应链生产控制管理

供应链环境下的企业生产控制和传统的企业生产控制模式不同。前者需要更多的协调机制（企业内部和企业之间的协调），体现了供应链的战略伙伴关系原则。供应链环境下的生产协调控制包括图5-7所示的几个方面。

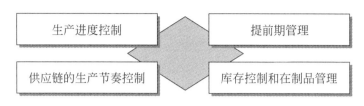

图5-7 供应链环境下生产协调控制的内容

1. 生产进度控制

生产进度控制的目的在于依据生产作业计划，检查零部件的投入和出产数量、出产时间和配套性，保证产品能准时装配出厂。供应链环境下的进度控制与传统生产模式的进度控制不同，因为许多产品是协作生产的和转包的业务，和传统的企业内部的进度控制比较来说，其控制的难度更大，必须建立一种有效的跟踪机制进行生产进度信息的跟踪和反馈。

生产进度控制在供应链管理中有重要作用，因此必须研究解决供应链企业之间的信息跟踪机制和快速反应机制。

2. 供应链的生产节奏控制

供应链的同步化计划需要解决供应链企业之间的生产同步化问题，只有各供应链企业之间以及企业内部各部门之间保持步调一致时，供应链的同步化才能实现。供应链形成的准时生产系统，要求上游企业准时为下游企业提供必需的零部件。如果供应链中任何一个企业不能准时交货，都会导致供应链不稳定或中断，导致供应链对用户的响应性下降，因此严格控制供应链的生产节奏对供应链的敏捷性是十分重要的。

3. 提前期管理

基于时间的竞争是20世纪90年代出现的一种新的竞争策略，具体到企业的运作层，主要体现为提前期的管理，这是实现QCR（质量控制）、ECR（有效客户反应）策略的重要内容。供应链环境下的生产控制中，提前期管理是实现快速响应用户需求的有效途径。缩小提前期，提高交货期的准时性是保证供应链获得柔性和敏捷性的关键。

4. 库存控制和在制品管理

库存在应付需求不确定性时有其积极的作用，但是库存又是一种资源浪费。在供应链管理模式下，实施多级、多点、多方管理库存的策略，对提高供应链环境下的库存管理水平、降低制造成本有着重要意义。这种库存管理模式涉及的部门不仅仅是企业内部。基于JIT的供应与采购、供应商管理库存、联合库存

（pooling）管理等是供应链库存管理的新方法，对降低库存都有重要作用。因此，建立供应链管理环境下的库存控制体系和运作模式对提高供应链的库存管理水平有重要作用，是供应链企业生产控制的重要手段。

五、供应链生产模式管理

供应链生产模式有以下几种。

1.JIT生产

JIT生产是日本丰田汽车公司从20世纪70年代开始推行的，旨在消除生产过程中各种浪费现象的一种综合管理模式。JIT生产就是按必要的时间、必要的数量、生产必要的产品（或零部件），不过多、过早地生产暂时不必要的产品。JIT生产是一种讲求最大经济效益的生产管理制度，强调"准时"和"准量"，不单纯追求高设备开工率、高劳动生产率和高产值。

（1）JIT生产的基本思想。JIT生产基本思想在于，严格按照用户要求生产产品，尽量缩短生产周期，压缩在制品占用量，从而最大限度地节约开支，提高效率，降低成本，增加收入。

（2）JIT生产的基本原理。JIT生产基本原理是：当有一件产品卖出时，市场就从系统的终端（如总装线）拉动一个产品，于是形成了对生产线的订货；总装线工人从物流的上游工位拉动一个新产品补充被取走的产品，这个上游工位又从更上游的工位拉动产品；重复这一过程，直到原材料的投入工序。

（3）传统生产与JIT生产的区别。传统生产模式与JIT生产模式的区别如表5-3所示。

表5-3　传统生产模式与JIT生产模式的区别

项目	传统生产模式	JIT生产模式
控制系统	推进式	拉动式
物流状况	上游加工，下游接收	下游向上游提出要求
信息流状况	工序与设计部门之间	工序与工序之间
物流与信息流的联系	分隔	结合
控制结果	容易造成中间产品的积压	真正做到"适时、适量、适物"生产

2.精益生产

精益生产（Lean Production，LP）模式实质上就是丰田生产系统，称之为"世界级制造技术的核心"。Lean Production中的Lean，被译成"精益"有其深刻含义，

"精"表示精良、精确、精美,"益"包含利益、效益等,"精益"二字突出了这种生产模式的特点。概括起来,精益生产理念可凝聚为图5-8所示的四句话,这已经成为全球企业共同追求的经营理念和价值观。实际上,精益生产理念与现在流行的营销管理、人力资源管理、生产管理、财务管理、质量管理等是相对应的。

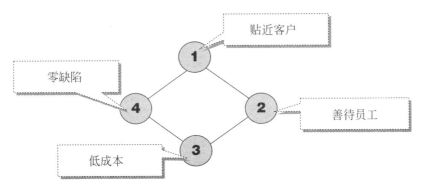

图5-8 精益生产的理念

(1)精益生产的实质。精益生产的实质是一种生产管理技术,它能够大幅度减少闲置时间、作业切换时间、库存、不合格的供应商、产品开发设计周期以及不及格的绩效。

企业使用精益生产模式生产出来的产品品种能尽量满足顾客的要求,并通过其对各个环节中采用的杜绝一切浪费(人力、物力、空间)的方法与手段满足顾客对价格的要求,这就是精益生产模式的核心思想。

(2)精益生产与传统生产的区别。精益生产模式与传统生产模式的区别主要如图5-9所示。

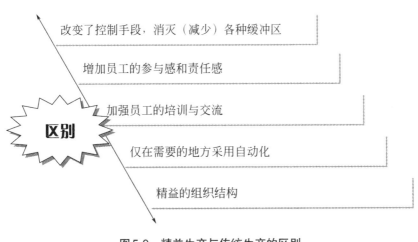

图5-9 精益生产与传统生产的区别

（3）精益生产模式的主要特征。精益生产模式的主要特征如图5-10所示。

特征一	以用户为导向，了解用户的需求，以最快的速度和适宜的价格，以高质量的适销新产品去抢占市场
特征二	以员工为本，大力推行适应市场竞争的小组工作方式，充分发挥员工的积极性和创造性
特征三	以精简生产过程为手段，消除生产过程中的一切多余环节，实行精简运作
特征四	以产品零缺陷为最终目标，依靠无缺陷质量控制体系，重点抓好缺陷预防

图5-10　精益生产模式的主要特征

3.大规模定制生产

大规模定制（Mass Customization，MC）是一种集企业、客户、供应商、员工和环境于一体，在系统思想指导下，用整体优化的观点，充分利用企业已有的各种资源，在标准技术、现代设计方法、信息技术和先进制造技术的支持下，根据客户的个性化需求，以大批量生产的低成本、高质量和效率提供定制产品和服务的生产方式。

（1）大规模定制生产模式的基本思想。大规模定制生产模式的基本思想主要体现在：通过产品结构和制造过程的重组，运用现代信息技术、新材料技术和柔性制造技术等，把产品的定制生产问题全部或部分转化为批量生产，以大量生产的成本和速度，为单个客户或小批量、多品种市场定制任意数量的产品。对客户而言，所生产的产品是定制的、个性化的；对厂家而言，定制产品却采用MP生产方式得到。

（2）大规模制造与大规模定制生产模式的区别。大规模定制生产模式实际上是在大规模制造模式与定制化生产模式之间谋求一种平衡，既要保持大规模制造生产模式的低成本又要兼顾定制化生产模式的个性化。大规模制造与大规模定制生产模式的比较如表5-4所示。

表 5-4　大规模制造与大规模定制生产模式的比较

项目	大规模制造生产模式	大规模定制生产模式
焦点	通过稳定性和控制力取得高效率	通过灵活性和快速响应来实现多元化和定制化
目标	以几乎人人买得起的低价格开发、生产、销售、交付产品和服务	开发、生产、销售、交付买得起的产品和服务，这些产品和服务具有足够的多样化和定制化，差不多人人都买得到自己想要的产品
关键特征	（1）稳定的需求 （2）统一的大市场 （3）低成本、质量稳定、标准化的产品和服务 （4）产品开发周期长 （5）产品生命周期长	（1）分化的需求 （2）多元化的细分市场 （3）低成本、高质量、定制化的产品和服务 （4）产品开发周期短 （5）产品生命周期短

4. 敏捷制造

敏捷制造是一种能够对复杂多变的市场做出敏捷的反应，从而很好地满足客户需求（包括产品需求和服务需求）的制造组织和制造方式。其基本思想是通过对企业经营有关的人、技术和其他各方面因素统筹考虑，以虚拟经营方式捕捉市场机遇、增强抗风险能力，充分、高效地利用企业内外部资源获取竞争优势。

敏捷制造生产模式的基本特征如图 5-11 所示。

特征一	产品系列的寿命较长。产品一般是根据客户需求重新组合的或更新替代的产品，而不是全新产品
特征二	信息交换迅速准确。它要求企业不但要从客户、供应商和竞争对手那里获得足够信息，还要保证信息传递快捷、准确
特征三	以订单组织生产。通过将一些重新编程、可重新组合、可连续更换的生产系统结合成为一个新的、信息密集的制造系统，做到生产成本与批量无关

图 5-11　敏捷制造生产模式的基本特征

5. 柔性制造

柔性制造技术则是指对各种不同形状加工对象实现程序化柔性制造加工的各种技术的总和。柔性制造技术是技术密集型的技术群，凡是侧重于柔性，适应于多品种、中小批量的加工技术都属于柔性制造技术。

柔性制造系统是柔性制造技术的具体体现，是适用于多品种、中小批量生产的具有高度柔性和高自动化程度的制造系统。FMS是指由若干数控设备、物料运储装置和计算机控制系统组成的并能根据制造任务和生产品种变化而迅速进行调整的自动化制造系统。

柔性是FMS的最大特点，可以从图5-12所示的两个方面来理解。

图5-12　FMS的特点

FMS一般具有自动加工、自动搬运和储料、自动监控和诊断以及信息处理功能，典型的FMS由数字控制加工设备、物料储运系统和信息控制系统组成。

6. 计算机集成制造

计算机集成制造（Computer Integrated Manufacturing，简称CIM）的概念由美国约瑟夫·哈林顿（J.Harrington）博士于1973年提出来，在1992年提出的CIM定义是："CIM把人的经营知识及能力与信息技术、制造技术综合应用，以提高制造企业的生产率和灵活性，由此将企业所有的人员、功能、信息和组织诸方面集成为一个整体。"

CIM是企业现代生产的一种指导思想，其核心在于集成。CIM不是全盘自动化，也不是单纯的技术互连，或者自动化加计算机化，而是要把人与经营系统、技术系统三者紧密结合起来。

计算机集成制造系统（Computer Integrated Manufacturing System，简称CIMS）就是在CIM思想指导下，逐步实现企业全过程计算机化的综合人机系统。它是一种基于CIM理念而构成的数字化、虚拟化、网络化、智能化和集成化的制造系统，是信息时代的新型生产模式。

CIMS的技术组成如图5-13所示。

图5-13 CIMS的技术组成

以信息集成为特征的CIMS可以使各种生产要素之间的配置得到更好的优化，各种生产要素的潜力可以得到更大的发挥，实际存在于制造业生产中的各种资源浪费可以大幅度减少，从而可以获得更好的整体效益。

相关链接

海尔打造COSMOPlat大规模定制平台

COSMOPlat平台是海尔具有自主知识产权的工业互联网平台，是全球首个引入用户全流程参与体验的工业互联网平台。在国家发展中国制造2025与互联网+等政策环境，以及工信部的指导支持下，海尔搭建的大规模定制COSMOPlat平台迅速成长壮大。

COSMOPlat大规模定制凸显服务型制造能力

所谓服务型制造，是指制造与服务融合共生发展的新型产业形态，是制造业转型升级的重要方向。制造企业通过创新生产组织形式、运营管理方式和商业模式、延伸服务链条、提供"生产+服务"的完整组合，实现竞争力的提高和价值增值。

传统制造企业向服务型制造企业转型的过程中，实现企业主导的大批量生产向用户驱动的大规模定制转变就是转型服务型制造的一种典型形式。

海尔打造的工业互联网平台COSMOPlat，就是实现大规模定制的平台。COSMOPlat的出现，颠覆了传统制造业中由企业主导的产品生产，形成了以用户需求为主导的全新生产模式，实现了用户在交互、定制、设计、采购、

生产、物流、服务等环节的全流程参与，在整个过程中，用户既是消费者，也是设计者、生产者，把"产消合一"做到了实处。

在众创汇、海达源等模块的对接下，用户只需一部智能手机或一个平板电脑就可以轻松定义自己所需要的产品，在形成一定规模的需求后，COSMOPlat就可以通过所连接的八大互联工厂实现产品研发制造，从而产出符合用户需求的个性化产品。

用户的个性化需求对应了高精度，大规模标准化制造代表了高效率。COSMOPlat的成功之处在于，它将高精度和高效率两个看似矛盾的存在实现了无缝衔接。COSMOPlat凭借精准抓取用户需求的能力，让工业领域的大规模定制成为可能，抢先进入了大规模定制的"专场"。这种用户需求驱动下的生产模式革新是震撼的，也是制造业前所未有的，最大程度契合了未来消费需求的大趋势。

通过模式云化助力制造企业快速复制实践

COSMOPlat不仅让用户进入到大规模定制的全流程中来，从而实现产品迭代到体验迭代的按需生产。同时，作为一个开放性平台，COSMOPlat提供社会化服务，利用外部接口将硬件、软件等各资源囊括到平台上来，让所有有志于转型升级的制造企业，都可以享受这种智能制造服务。海尔的目标，就是通过形成可复制的最佳经验，帮助接入的企业更快、更准确地向大规模个性化定制转型，深入供应链、生产流程内部，构建起"规模+个性化"的产业形态，减少试错成本，提升生产效率，降低库存压力，实现平台化共赢。

要想实现这种模式快速的复制，就需要把这种模式进行软化和云化，而COSMOPlat就是这样的智能制造云平台。海尔把自己互联工厂的核心业务模式资源共享上去，然后，通过COSMOPlat分享海尔的模式和资源，同时，千千万万家企业利用该平台提供的服务实现智能制造转型升级，实现行业内外共创共赢的生态架构。

目前，海尔COSMOPlat平台上已经聚集了上亿的用户资源，同时还聚合了300万+的生态资源，形成了用户与资源、用户与企业、企业与资源的三元价值交互矩阵。同时，海尔COSMOPlat的社会化服务输出也已取得成效，并在电子、汽车、装备等多个行业实现推广落地。

六、供应链延迟生产管理

延迟生产策略是一种为适应大规模定制生产而采用的策略，其有效实施既能保持规模效应，又能降低由于顾客需求个性化和多样化给企业带来的风险。随着市场竞争的加剧，这种策略受到越来越多的企业关注。

1.供应链管理环境下的延迟生产策略

延迟生产策略是一种有效支持产品多样化的同时又保持规模经济的策略，其基本思路是基于产品族零部件的通用化或模块化，生产商批量组织生产，并通过产品中间状态的集中库存来降低库存成本和缩短交货提前期，使差异化活动尽量延迟，增强企业应对多样化需求的灵活性。延迟策略分为生产延迟和物流延迟。具体如图5-14所示。

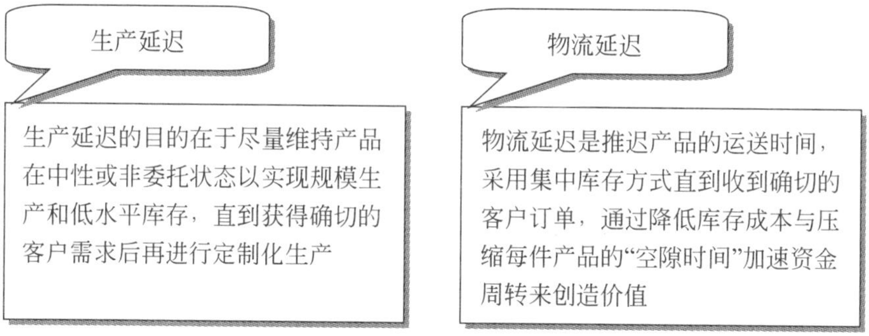

生产延迟

物流延迟

生产延迟的目的在于尽量维持产品在中性或非委托状态以实现规模生产和低水平库存，直到获得确切的客户需求后再进行定制化生产

物流延迟是推迟产品的运送时间，采用集中库存方式直到收到确切的客户订单，通过降低库存成本与压缩每件产品的"空隙时间"加速资金周转来创造价值

图5-14　延迟策略的分类

很明显，表面上的延迟实质上是为了更快速地对市场需求做出反应，即通过定制需求或个性化需求在时间和空间上的延迟，实现供应链的低生产成本、高反应速度和高顾客价值。

2.延迟策略实施的关键

顾客需求切入点（Customer Order Post-ponement Decoupling Point，CODP）是供应链中产品的生产从基于预测转向响应客户需求的转折点。

在供应链中，CODP的定位是延迟策略成败的关键，因为它直接影响到规模与变化的程度，若CODP过于偏向供应链的上游，那么通用化阶段就无法产生相应的规模经济；而反之，若CODP过于偏向供应链下游，差异化阶段也无法获得多样化的优势。

总体而言，在供应链中，CODP会出现在图5-15所示的位置。

| 位置一 | CODP 处于装配与发运之间，此时装配及其上游的所有生产业务均已按通用化阶段要求生产，产品已经被制造出来，顾客只能在其中选购，常见于日常生活用品、家用电器等产品生产模式中 |

| 位置二 | CODP 处于加工与装配之间，是实现大规模定制最常用的手段，常见于汽车、个人计算机等产品生产中 |

| 位置三 | CODP 处于原材料采购与零部件加工之间，常见于机械产品，一些软件系统如 ERP、MRP 等产品生产中 |

| 位置四 | CODP 处于设计与采购之间，顾客对产品的原材料、加工装配工艺有特殊要求 |

| 位置五 | CODP 处于设计阶段之前，此时设计及其下游生产业务均按顾客的特定要求进行，常见于大型机电设备和船舶等产品的生产以及建筑行业中 |

图 5-15　CODP 会出现的位置

3.延迟生产策略的实施条件

延迟生产模式虽然有诸多优势，但其实施需具备一定的先决条件，并非所有的企业都可以采用延迟生产策略，或是可以采用同种模式的延迟生产策略。延迟生产策略的实施条件如图 5-16 所示。

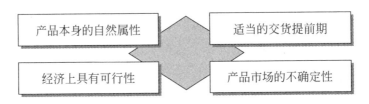

图 5-16　延迟生产策略的实施条件

（1）产品本身的自然属性。延迟生产的前提首先是企业产品在结构设计时可拆分成有限的几个模块，经过这些模块的组合或基础产品的加工能形成差异化最终产品。其次，构成产品的零部件具有标准化、通用化的特性，这样才能用较少规格品种的零部件拼合成顾客需要的多样化产品，并实现将产品的生产过程从时空间上分离为不变与变两个阶段。另外，对于价值密度大的产品，企业一方面采用生产延迟，通过设立价值密度较小的半成品库存替代成本高的产成品库存，从而减少库存总成本；另一方面可以从延迟流通环节的最终物流活动中受益。

（2）经济上具有可行性。实施延迟策略带来的收益只有大于由此增加的成本才有意义。延迟策略的实施往往会增加产品的生产成本，企业在判断延迟策略在多大程度上适合于本企业运用时，必须量化比较延迟策略的收益与成本。

如果企业产品制造的末端在外形、重量和种类上变化越大，延迟产品加工成型环节越靠近下游，就越有利于降低运输成本和库存产品的成本，越能使管理工作简化，那么延迟策略的实施就越能给企业带来大的经济效益。

（3）适当的交货提前期。通常而言，交货提前期过短不利于延迟生产的实施，由于延迟策略是接到顾客需求订单后才进行后续的差异化加工，要求有一定的时间余地，交货提前期过长则延迟生产就失去了意义。

（4）产品市场的不确定性。倘若企业产品市场细分相对复杂，客户需求波动性较大且难以预测，产品的配置、规格型号、包装、颜色等个性化和多样化需求不能事先确定，则延迟策略对企业降低市场风险能发挥举足轻重的作用。

4. 延迟生产策略给企业带来的竞争优势

延迟生产策略集成了推式供应链与拉式供应链。在推动阶段，制造商根据预测，大规模生产半成品或可通用化的各种模块以实现规模经济。在拉动阶段，根据订单需求，实现差别化，将各种模块进行有效的组合，从而实现定制化生产。有效利用延迟生产策略对降低企业经营风险和总成本，提高服务水平起着举足轻重的作用。具体来说，延迟生产策略给企业带来的竞争优势如图5-17所示。

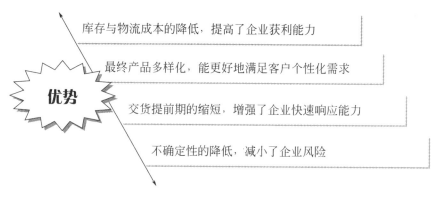

图5-17 延迟生产策略给企业带来的竞争优势

（1）库存与物流成本的降低，提高了企业获利能力。生产延迟在大规模生产出通用化的中间产品后，就暂停其后续的增值活动，待接到顾客需求订单后，将需求信息在CODP切入末端的加工装配成型生产过程，尽快将中间产品按顾客的定制要求加工成最终产品。相对于产成品，体积、重量和规格较小的半成品的运输费用与可能出现的差错降到最低，从而减少了运输和库存成本。

比如，IBM公司把CODP定位在总装配之前，预先生产出不同型号的硬盘、键盘等各种电脑配件，将电脑的总装配延迟到收到客户委托后进行。这不仅实现了规模经济的低成本，而且能降低库存的种类和数量，加速资金周转，同时最大限度地规避了产销脱节造成的风险。

（2）最终产品多样化，能更好地满足客户个性化需求。生产企业按照计划规模生产半成品或通用化的各种模块，在此基础上根据客户对产品的功能、外观、数量等具体要求发展变形产品，由有限品种规格的零部件，拼合成顾客需要的多样化产品，实现以低成本满足客户的个性化需求，有利于提高客户的满意度和忠诚度。

比如，惠普台式打印机供应链实施延迟策略后，在温哥华的惠普公司采用批量生产方式生产通用打印机，运输到欧洲和亚洲分销中心或代理商后，加上适应当地电压、频率和插头型式等电源模件，及配上适合当地语言的键盘和说明书，再完成整机包装后通过当地分销系统销往下游的顾客。通过将定制化工作延迟到分销中心进行，满足了不同用户对型号需求不同的目的。

（3）交货提前期的缩短，增强了企业快速响应能力。延迟生产模式将不变的通用化生产过程最大化，根据预测事先生产出基础产品，一旦接到订单，立即高效率地完成产品的差异化生产过程，从而将客户定制的产品快速完成交付。在许多企业，终端的制造活动常放在离客户就近的配送中心或第三方物流中心进行，实现与大规模的中间产品或部件生产在时间和地点上的分离，目的是使企业能够快速响应客户的要求。

比如，吉列公司刀片业务通过实施包装延迟策略后，既满足了零售商对标签和包装数量的定制化需求，又实现了快速响应。

（4）不确定性的降低，减小了企业风险。在采用延迟生产模式的企业中，企业基本上以原材料和通用半成品的形式储存货物，这种存货价值有限，适用范围广，有利于企业同时实现提高顾客多样化需求反应速度和降低存货成本与风险的目标，从而大大减低企业生产经营的不确定程度，避免因估计偏差而产生的各种特别款式的库存与积压。

比如，家具行业，虽然产品在材料上差别不大，但在外形、颜色、构造等方面的差异却很大，因此它的需求不确定性很高。另外，成品家具由于外形不规则或占用空间大不方便集装运输，但它们的散件很容易实现集装运输和大批量处理物料，具备相当明显的规模效益。所以，应该考虑将CODP调整在流通加工阶段，等获取顾客需求信息后再进行装配和分拨等作业。这样通过产销地间的规模运输来降低成本，通过消费地流通加工实现产品与顾客的需求无偏差连接。

智能供应链管理实战手册

> **小提示**
>
> 延迟生产策略是一种为适应大规模定制生产而采用的策略,这种策略的有效实施既能保持规模效应,又能降低由于顾客需求个性化和多样化给企业带来的风险,但其实施需要具体考虑企业的加工和物流能力以及对信息处理的精确程度和快速程度。

七、生产外包的管理

现在企业的竞争不再是单个企业之间的竞争,而是供应链和供应链之间的竞争。要使整条链高效率、协调地运作,必须寻找供应链之外的第三方来对供应链进行经营管理,从而催生了供应链业务流程外包市场。

1. 生产外包的概念

生产外包(Outsourcing)又称为制造外包,是将一些传统上由企业内部人员负责的非核心业务以外加工方式将生产委托给外部专业的、高效的服务提供商,以充分利用外部最优秀的专业化资源,达到降低成本、分散风险、提高效率、增强竞争力的目的。

2. 生产外包的动机

生产外包的目的是为了实现企业自身的可持续经营。从国内外对外包动机的研究来看,外包的动机一般包括图5-18所示的几类。

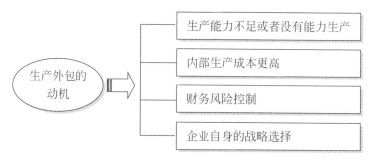

图5-18 生产外包的动机

(1)生产能力不足或者没有能力生产。企业接到大量的订单,现有生产能力不能按时交货,必须将这部分业务交给其他企业来代为生产。或者是接到的订单规格和品质要求很高,自身的设备和技术能力无法达到客户的要求,这样就必须要求寻求其他有能力的企业代为生产。这种情况在同行中很普遍,形成了既竞争又合作的关系。

（2）内部生产成本更高。为了寻求更低的成本，增强竞争优势。限于企业本身的人力成本和管理水平，自行生产成本很高，企业只好选择外包生产。当然这种情况下也不一定必然选择外包，一是要考虑内部的生产成本是否仍然可以盈利，另外也要考虑采用外包后闲置的产能能否妥善地处置。

（3）财务风险控制。一方面可能企业投资预算有限，没有足够的资金用于扩充产能和提升设备技术水平。另外一方面是考虑投资的长期风险。为了暂时的订单大举进行投资扩产，万一订单无以为继，那么巨额的投资将无法收回。如果选择外包，一方面可以满足暂时订单的需求，又可以避免高额投资的风险。

（4）企业自身的战略选择。前三种动机主要还是企业被动选择，更多的是形势所迫的无奈之举，但这一种动机是企业自身的主动选择，将主要资源和精力都集中在核心业务上，进而打造企业的核心竞争力。

比如，苹果公司在1997年企业面临破产危机时，选择将制造业务外包，也是为了将精力集中在自己的核心业务产品研发和品牌营销上，从而打造企业的核心竞争力。

3. 生产外包的优势

生产外包作为一种全新的生产经营方式，改善了传统生产方式的不足，与传统生产方式相比有不少优越之处。

传统上，企业出于管理和控制的需要，对与产品制造有关的活动和资源一直采取"纵向一体化（Vertical Integration）"管理模式，就是从产品的设计和开发、生产、营销和推广、分销与零售等产业链上的各个环节全部由公司来完成。

"纵向一体化"在市场环境相对稳定的情况下尚有一定的合理性，而在产品生命周期不断缩短、企业之间竞争加剧、全球市场变化莫测的情况下，则显露出种种缺陷，如图5-19所示。

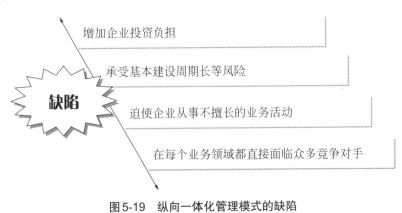

图5-19 纵向一体化管理模式的缺陷

由此可见，纵向一体化管理的结果是分散了整个企业的资源和精力，无法经营好核心业务，削弱了企业的竞争能力。因此，20世纪80年代以后，国际上越来越多的企业放弃了这种经营模式，出现了利用企业外部资源快速响应市场需求的思想，赢得在低成本、高质量、早上市等诸方面的竞争优势。这就是所谓的"横向一体化（Horizontal Integration）"思想。它形成了一条以企业为节点的从供应商到制造商再到分销商的、贯穿所有企业的"网链"。显然，这些企业必须达到同步、协调运行，才有可能使价值链上的所有企业都能受益，因此价值链管理的概念应运而生。

外包业务催生了品牌企业供应链管理的需求。品牌厂商需要重新构建供应链管理架构和流程节点，将重资产的制造业剥离出去或由专业的外包大厂去完成包括设计、原材料采购、制造、物流、仓储、配送等环节的业务。

4.生产外包需具备的条件

对于要实施生产外包战略的品牌厂商来说，需要自身具备一定的前提条件，具体如图5-20所示。

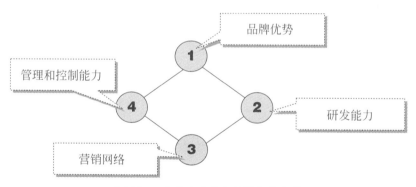

图5-20　企业生产外包需具备的条件

（1）品牌优势。品牌是企业进行生产外包的最大优势，因为只有建立在品牌经营的基础上，企业才有可能为产品附加上额外价值；同时，优秀的品牌也使得生产商更加乐意接受企业的外包业务。

（2）研发能力。客户需求的快速变化，需要企业能够不断创造出满足其个性化需求的新产品，而只有具备强大的研发能力，才可能使生产外包形成良性循环，生产一批，研发一批，否则，同类竞争产品的出现，会很快侵蚀企业的核心竞争力。

（3）营销网络。现代企业的核心驱动力是订单，否则，外包回来的产品只能是一堆库存。拥有强大的营销网络，可以快速地把产品送到客户手中，缩短资金回流的周期，使企业进入新一轮的产品外包。

（4）管理和控制能力。生产外包减少了企业对生产环节的管理监督，但同时也可能增加企业责任外移的可能性,如果无法对合作者进行有效的控制,最终市场很可能被竞争对手或EMS合作者的自有产品抢走。这是要求企业具备很强的管控力,不断地监控外包企业的行为,并努力与之形成良好的长期合作关系。

5.生产外包的管理流程

根据生产外包的定义,是将原本在企业内部完成的制造业务通过合约管理的方式交由代工企业来完成,因此这里有一个转移的过程。当然有些企业在设立之初,就没有准备在内部完成制造业务,而是将制造业务交由外部代工企业来完成。一般来说,生产外包的管理流程如图5-21所示。

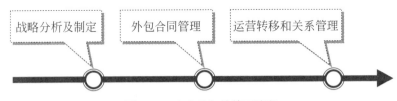

图5-21　生产外包的管理流程

(1)战略分析及制定。一个企业为什么要选择制造外包的运营策略,要看这个策略是否有助于打造企业的核心竞争力。一般来说,制造外包涉及企业的核心战略,制造外包必须有助于企业战略目标的实现。企业的管理层必须就制造外包的合理性达成一致,并通过价值链分析识别可供外包的业务活动,最终确定外包需求并选择合适的供应商。

企业制定了制造外包业务需求,接下来就是选定制造外包供应商。先进行行业调查分析,筛选出潜在的代工企业清单,接下来对筛选出的代工企业逐个分析比较,选定最终的代工合作企业。

(2)外包合同管理。这一阶段主要是要与选定的制造代工供应商就代工合同的众多事项进行充分的沟通,并达成一致。主要是确定双方的业务及技术目标,达成服务水平协议,明确合同执行的职责和任务。另外,要确定双方共享的信息,就知识产权签订保密协议。

> **小提示**
>
> 合同管理的最终目的不仅仅是明确双方的权利和责任,更重要的是达成广泛的共识和建立充分的互信,为后续的合作建立良好的基础。

(3)运营转移和关系管理。运营转移和关系管理主要涉及与代工企业之间日常事务的管理和监控、流程的设定与优化,确保外包绩效的达成。另外,与代工企业建立良好的合作伙伴关系至关重要,良好的关系管理是外包过程顺利实现的基础。

6.生产外包的管理要点

企业实施生产外包时的管理要点如图5-22所示。

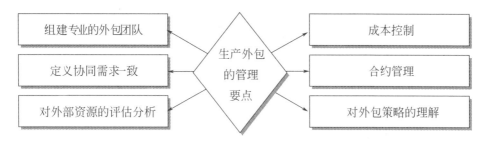

图5-22　生产外包的管理要点

（1）组建专业的外包团队。外包实施后，降低了企业的控制力，同时也可能带来不可预知的风险，如供应风险、泄密风险等。企业必须进行严格的管理和监控，才能确保将风险降到可控范围。因此，外包团队的专业技能非常重要，要求熟知供应链管理、生产运作、商务谈判、成本管理的专业人员和能推动并领导整个进程的项目管理专家。

（2）定义协同需求一致。外包的内容越多，定义双方高度认可的协同目标越多。只有委托制造企业和代工企业就需求充分沟通，并达成高度一致，才能确保制造外包目标的实现。

（3）对外部资源的评估分析。为了选择合适的供应商，必须进行广泛并深入的调查比较分析。重点要分析代工企业的能力，具体包括代工企业的技术、品质、产能、成本控制以及在产品开发上的配合能力。可从图5-23所示的两个方面来加强评估分析。

评估一	评估代工企业的服务及配合能力

品牌厂商可通过代工企业服务的客户来进行初步筛选，判断其服务和配合能力。如果能够服务知名的委托制造企业，其实力自然不言而喻

评估二	评估代工企业的服务意识和快速响应能力

代工企业应该能够对委托制造企业的需求快速反应并保持一定的弹性，及时有效地沟通协调弥合双方的分歧。因为合约不可能涵盖双方合作的所有细节要求

图5-23　对代工企业的评估分析

（4）成本控制。双方应该在互信的基础上进行成本分析并就价格达成一致，将成本降低计划提前告知对方。

（5）合约管理。一般来说，外包合同都是持续性的。双方应该清楚合约的持续性，并在此前提下就合约的所有方面达成一致并切实执行，否则后续将无法实现有效协同，并可能产生无休止的纠纷、推诿甚至违约。

（6）对外包策略的理解。品牌厂商制定的外包策略应该进行适度的内部沟通，确保内部员工的理解和支持。如果内部员工不能理解和支持这一策略，势必影响到外包的实施和效果。

7.生产外包的合作模式

一般来说，生产外包合作模式有以下几种。

（1）OEM。OEM是Original Equipment Manufacturers的缩写，可译为原始设备制造，是指委托制造企业不直接生产产品，而是将具体的生产制造任务通过合约的方式委托代工企业进行生产。在此过程中，代工企业需按委托制造企业的需求、授权等特定条件来生产。委托制造企业则是利用自己掌握的关键技术负责设计和开发新产品，控制市场营销的各个环节，包括品牌塑造、销售渠道控制等。代工企业按照委托制造企业的要求进行生产，最后贴上委托制造企业的品牌，所以OEM也俗称"贴牌生产"。

OEM模式中，品牌厂商侧重于产品的创新和开发，自己设计产品，并拥有IP（知识产权），只是将其生产的全部或部分外包出去，交由EMS完成制造部分。对品牌厂商而言，只需要保留少量人手来管理和支持EMS企业的各个职能。这就需要品牌厂商根据自身对制造服务所需的数量、质量要求、服务要求等需求，寻找到最适合其业务模式和产品范围的EMS供应商。

（2）ODM。ODM是Original Design Manufacturers的缩写，可译为原始设计制造。当代工企业除了承担生产制造任务外，还能深度参与委托制造企业的新产品研发任务，而委托制造企业也逐渐将产品设计开发和后续的生产制造任务都交由代工企业来完成，那么OEM就升级为ODM。

ODM模式中，EMS企业承担产品设计到制造的全部任务，但ODM的品牌仍然归委托制造企业所有。

（3）JDM。JDM是Joined Design Manufacturers的缩写，可译为合作设计制造。JDM是近年来发展起来的一种新的商业合作模式，是在OEM模式基础上发展起来的，它要求EMS厂商和品牌委托厂商在更高层面上进行合作。

8.生产外包的物料管理

为控制元器件的来料质量，降低采购成本，品牌厂商通常会采取图5-24所示的几种方式管理原物料,在EMS组装成成品以后再卖给最终客户。

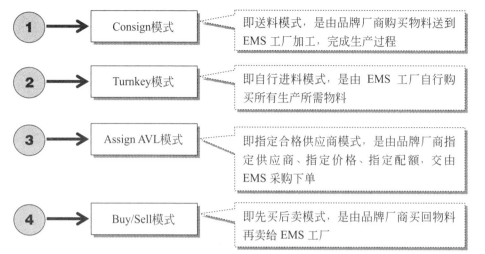

图5-24 生产外包的物料管理方式

(1) Consign模式。Consign模式即送料模式,是由品牌厂商购买物料送到EMS工厂加工,完成生产过程。Consign模式即"代工不带料"模式,由于采购业务、运输作业、来料检验、库存控制、物料齐套准备、人员运作、付款都由品牌公司主导,代工厂不参与物料环节,只负责加工所需的人力、设备,交付符合质量要求的产品即可。品牌厂商可以掌握元器件、关键物料的价格,但采购物料所耗费的间接成本较高,EMS供应商自身的能力和价值未能充分运用起来,在采购量小时,采购优势明显,但当采购量变大,采购金额变高时,品牌厂商会耗费大量的资源、人力和资金及其他管理成本,不见得是个优选方案。

(2) Turnkey模式。Turnkey模式即自行进料模式,是由EMS工厂自行购买所有生产所需物料。EMS采购原物料时,主要原料需维持两家以上的合格供应商,既要保障供应弹性又能确保供应的稳定性,不中断,还需要有议价权,达到降低成本的目标。由于Turnkey都是由代工厂进行采购作业和人员运作,品牌公司比较轻松,只需要负责产品设计和市场销售,对于较小规模的设计公司或行销公司,或没有自有工厂的企业而言,Turnkey是最好的选择,对于EMS工厂要求较高,不仅能够精于生产管理,还需要有强大的物料采购和供应链能力以及资金实力。

(3) Assign AVL模式。Assign AVL模式即指定合格供应商模式,是由品牌厂商指定供应商、指定价格、指定配额,交由EMS采购下单。Assign AVL模式跟Turnkey模式一样,都是由代工厂进行采购作业和人员运作,但是与Turnkey模式的不同之处就是,品牌公司需要做好前期的souring供应商选择工作,以及在持续交货过程中的供应商管理和质量控制工作。对于EMS而言，EMS只是订单采购的执行者，但需要有资金实力。对于品牌厂商而言，存在的风险就是价格可能被EMS所掌握，慢慢会失去对价格的控制权。EMS获得最大的好处，就是不花分文获得最稀缺的合格供应商资源、供应商关系和价格等商务信息。

（4）Buy/Sell模式。Buy/Sell模式即先买后卖模式，是由品牌厂商买回物料再卖给EMS工厂。对于某些关键物料或瓶颈物料，品牌厂商会提前用现金买回作为安全库存，同时为了对采购价格保密，就通过先买后卖的方式供应给EMS厂商。B/S模式会耗费品牌厂商大量资金，且占用人力资源、流程作业等管理成本，好处是品牌厂商可以加价卖给代工厂，品牌厂商还可以控制关键物料的供应，且确保物料的价格不被EMS工厂所知。品牌厂商需要管控原材料的库存，还有现金流的周转等问题。

> **小提示**
>
> 目前，苹果采用的是Assign AVL加Buy/sell模式，华为是Consign模式，三星由于是大部分是自己生产加工，不需要以上模式，少量代工，也是走Consign模式。

9.生产外包的驻厂管理

驻厂人员最基本的要求就是熟练并精通生产流程，知道生产每个过程的细节和关键点。此外，驻厂人员还需要知道在哪个关键点进行质量控制。出现任何工程问题、质量问题，驻厂人员还必须知道问题在哪里。所以，对品牌厂商驻厂人员的要求比较高，最好是经验丰富，曾经在国际大厂工作过的品质或制程工程师，角色从乙方转变成甲方，"知己知彼，百战不殆"，要比对手更了解对手，这样管理起来比较有效，胜算的可能性更大。

驻厂团队可以由多人组成，能够覆盖工厂全部对接的管理范围，一旦出现问题，可以在现场迅速解决。

> **小提示**
>
> 驻厂成员的实际能力和职业水准必须比所管理工厂的各部门负责人要高，这样在管理工厂团队时，比较有威信，表达出的见解和观点也比较容易让人信服。

（1）NPI的管理。NPI（New Product Introduction）即新产品导入。以苹果为例，其NPI管理流程如图5-25所示。

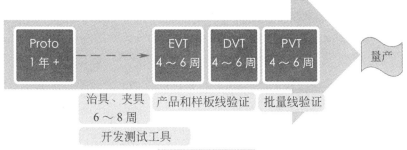

图5-25　NPI管理流程

在此阶段，需要跨部门协作和合作，包括研发、计划、采购、物料、运营、工程、品质、测试、物流等部门全员参与，共同推动项目的达成。同时，需对供应商提出以下要求。

① 制定严格的项目计划表，指定项目团队组织、汇报关系，各职能部门直接责任人。

② IT系统的配置和安装。

③ 生产线的配置图纸布局（Layout）和产能规划。

④ 爬坡计划。

⑤ 物料计划。

⑥ 人力计划。

⑦ 设备和治具计划。

⑧ 生产的计划和交付周期、柔性要求。

⑨ 仓库的配置图纸布局，仓储计划和包装产能规划。

⑩ 每天、每周、每月的报表报告要求。

驻厂人员需要驱动EMS企业提高生产柔性，提供快速精准的灵活生产能力，在样板线验证合格后，能够快速复制样板线（golden line）的成功经验，满足大批量生产的产能和交货需求。生产柔性包括图5-26所示的内容。

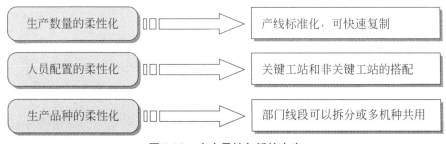

图5-26　生产柔性包括的内容

（2）MP的管理。MP（Massive Product）即量产。在量产过程中，驻厂团队必须监控EMS工厂，确保每天的生产计划有效达成，同时处理好生产线上品质不良、维修、计划变更、返工等异常生产安排。

量产阶段以提高良率和效率为主要目标，高效地大规模、大批量地完成交付计划。

> **小提示**
>
> 驻厂团队每天上午早班开始和下午晚班开始之前需要与工厂团队一起检视当天的生产状态和结果，对差异进行研究和分析，提出改善方案；同时，对工厂产线发生的任何异常，协同内部资源，帮助EMS工厂共同解决异常问题。

（3）EOL的管理。EOL（End Of Life）即产品生命周期结束。在这一阶段，驻厂团队提前三个月通知供应商做好清尾工作，尤其是物料部分，以减少物料库存、在线库存和成品库存为主要目标。同时做好计划协同，按需生产或进行最后一次购买（Last Buy）的生产安排。

图5-27所示的是苹果与富士康合作中富士康的订单履行流程。

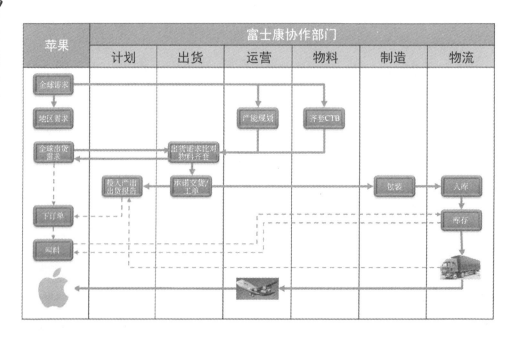

图5-27　富士康订单履行流程

从以上流程可以看出，苹果自己直接管控和作业的流程就是发放需求和PO、接受成品，其余流程全部通过富士康的团队来完成。

当然苹果并不是放任不管富士康，而是通过驻厂团队来监控整个运营过程的。苹果的驻厂团队能力很强，全功能的团队，包括：计划管理、物料管理、采购和供应管理、生产管理、品质、测试、物流等全流程的严格监控和管理。富士康必须配备同样职能的人员与苹果团队对接，以处理每天在工厂发生的任何问题。

对细节的关注、精细化管理和专业化团队对供应商的严密监控是项目成功的关键。富士康一旦出现重大交付问题，不管是物料问题、技术问题、工程问题还是品质问题，苹果会在几天之内从世界各地调集精兵强将去派驻解决问题。采购和运营的VP甚至亲自带头坐镇现场，以确保苹果产品的如期上市。

EMS制造服务详解

EMS（Electronic Manufacturing Services），中文译为电子制造服务，亦被称为ECM（Electronic Contract Manufacturing），中文译为电子合同制造商。EMS是一个新兴行业，是为电子产品提供制造服务的行业，此类厂商为客户提供包括产品设计、代工生产、后勤管理、产品维修、物流等环节，属于全程服务。

一、EMS的主要优势资源

现在各种各样的电子产品尤其笔记本电脑、手机等产品，不管是什么品牌，许多都是请专业电子代工服务供应商来代工生产的，品牌厂商有时只是提供品牌、设计、监控、技术支持。因此可以说这些EMS供应商才是热销产品的幕后英雄。

EMS主要的优势资源和能力如下。

（1）生产制造。生产制造显然是EMS企业最擅长的事情，制造业是个重资产的行业，EMS公司由于服务于多个客户，其制造资源可以得到充分应用，产生规模效应，能够在短时间内收回投资。

（2）测试设计。EMS企业的反复规模的制造和测试作业，使得EMS比OEM工程师的经验更广，EMS企业能设计出更高效和优化的测试解决方案。

（3）供应链管理。EMS企业由于为多个客户生产多种产品，由此产生了更广泛、更全面的供应链管理需求，也积累了充足的供应链管理经验和人才，

EMS可以整合上下游资源和信息,配合公司生产管理系统,满足品牌客户对产能、品质和交期的要求。如下图所示。

供应链管理优势

(4)品质管理。EMS本身具备完善的品质控制系统,包括从供应商管理、来料检验、制程控制、可靠性测试、出货检验,可以做到实时监控整个制造过程的品质,迅速掌控产品品质和追溯,确保生产出符合设计规格且满足品牌厂商所要求的稳定质量。如下图所示。

原材料品质管控	制程品质管控
· 供应商协议和审核 · 供应商品质管理 · 供应商评价系统 · 来料品质管理 · 协助客户解决品质问题	· 制程品质管理 · 提升产品品质水平 · 协助客户解决品质问题 · 巡检系统 · Shop floor 资料收集&统计制程品管 SPC · 异常控制 · Purge/rework 管控 · 工程变更/制程变更管控
品质可靠性管控	出货品质管控
· 仪器校正中心 · 环境物资实验室 · 焊接不良分析实验室 · 可靠性实验室	· 协助客户解决品质问题 · 出货品质水平核查与制定 · 出货品质管理 · 客验 OBA

品质管理优势

二、EMS合作的方式

EMS企业与客户合作通常采取以下两种方式。

（1）来料委托加工。来料委托加工方式是指所有的物料都由客户提供，EMS企业只是赚加工费。这种方式从供应链角度来看，操作比较简单，EMS企业只是负责产能、排产、生产、交付等。

（2）进料加工。进料加工方式，是指委托方会自己负责一部分料件的采购，并用先买后卖的方式再卖给EMS企业。对于EMS企业来说，委托方既是客户也是供应商。同时，EMS企业也要自己寻源，采购一部分物料。

第六章 智能供应链之物流管理

智能供应链管理实战手册

 导言

在智能制造大环境下,作为智能供应链必不可少的重要组成部分,智能物流正在成为制造业物流新的发展方向。

一、智能物流的认知

智能物流就是利用条形码、射频识别技术、传感器、全球定位系统等先进的物联网技术通过信息处理和网络通信技术平台广泛应用于物流业运输、仓储、配送、包装、装卸等基本活动环节，实现货物运输过程的自动化运作和高效率优化管理，提高物流行业的服务水平，降低成本，减少自然资源和社会资源消耗。

1. 智能物流的功能

智能物流在功能上要实现图6-1所示的6个"正确"，在技术上要实现物品识别、地点跟踪、物品溯源、物品监控、实时响应。

图6-1 智能物流要实现的功能

2. 智能物流的特点

智能物流具有图6-2所示的特点。

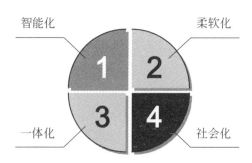

图6-2 智能物流的特点

（1）智能化。这是物流发展的必然趋势，是智能物流的典型特征，它贯穿于物流活动的全过程。随着人工智能技术、自动化技术、信息技术的发展，其智能化的成熟将不断提高。它不仅仅限于解决库存水平的确定、运输道路的选择、自动跟踪的控制、自动分拣的运行、物流配送中心的管理等问题，随着时代的发展也将不断地赋予新的内容。

（2）柔软化。柔软化是为实现"以顾客为中心"理念而在生产领域提出的，即真正地根据消费者需求的变化来灵活调节生产工艺。物流的发展也是如此，必须按照客户的需要提供高度可靠的、特殊的、额外的服务。"以顾客为中心"服务的内容将不断增加，服务的重要性也将越来越高，如果没有智能物流系统的柔性化是不可能达到的。

（3）一体化。智能物流活动既包括企业内部生产过程中的全部物流活动，也包括企业与企业、企业与个人之间的全部物流活动。智能物流的一体化是指智能物流活动的整体化和系统化，它是以智能物流管理为核心，将物流过程中运输、存储、包装、装卸等诸环节集合成一体化系统，以最低的成本向客户提供最满意的物流服务。

（4）社会化。随着物流设施的国际化、物流技术的全球化和物流服务的全面化，物流活动并不仅仅局限于一个企业、一个地区或一个国家。为实现货物在国际间的流动和交换，以促进区域经济的发展和世界资源优化配置，一个社会化的智能物流体系正在逐渐形成。构建智能物流体系对于降低商品流通成本起到决定性的作用，并成为智能性社会发展的基础。

3.智能物流的进化阶段

智能物流的进化经历了图6-3所示的四个阶段。

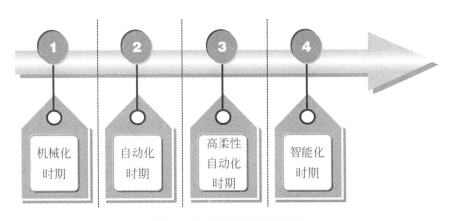

图6-3　智能物流的进化阶段

（1）机械化时期。叉车是这一时期的典型代表，它实现了作业的机械化，大大提高了搬运和装卸效率，减轻了工人的工作强度。

（2）自动化时期。这一时期出现了早期的AGV搬运系统，导引技术是靠感应埋在地下的导线产生的电磁频率，从而指引AGV沿着预定路径行驶。路径相对固定，AGV小车不具备自动避障能力，控制系统单一。

（3）高柔性自动化时期。这一时期的AGV在新的导航方式（激光导航、惯性导航、GPS导航等）引领下路径变得多样化，控制系统也可以做到简单路径优化和规避。智能穿梭车的出现，使AGV小车开始从二维平面运动拓展到三维空间，使立库存储成为现实，大大提高了仓库的空间利用率，同时车辆控制系统可以与仓储管理系统无缝衔接，实现出入库的自动化，降低了人工成本，提升物流运作效率。

（4）智能化时期。这个时期物流发展不再局限于存储、搬运、分拣等单一作业环节的自动化，而是大量应用RFID、机器人、AGV以及MES（生产过程执行系统）、WMS（仓储管理系统）等智能化设备与软件，实现整个物流流程的整体自动化与智能化。这个时期的物流系统融入了大量人工智能技术、自动化技术、信息技术，例如，大数据、数字化等相关技术，不仅将企业物流过程中装卸、存储、包装、运输等诸环节集合成一体化系统，还将生产工艺与智能物流高度衔接，实现了整个智能工厂的物流与生产高度融合。

二、制造业物流系统建设

对于制造企业来讲，物流系统的建设大体可以分为内部、外部两个部分：内部物流是与生产流程和工艺相关的，称之为生产物流；外部物流是与整个产业链（供应链）运作相关的，如针对上游企业的原材料和零部件的采购，针对下游客户产品的发货等。

1. 内部物流

制造企业的生产过程不仅需要生产设备、生产工艺，还有生产物流的组织。

企业内部物流（俗称厂内物流），是指支持企业生产活动所需要的原材料、在制品、半成品、外协件、产成品、燃料和辅助材料在仓库与车间之间、车间与车间之间、工序与工序之间各个环节的流转、移动和储存（含停滞、等待），以及与之相关的计划、组织、实施、控制等管理活动。它贯穿于物料从进厂到成品出厂的整个生产和经营活动过程，包括从来料验收入库、物料储存、物料申领、装卸搬运、配送、加工、装配、包装、成品入库和到成品出厂以及伴随生产消费过程所产生的废弃物回收及再利用，形成了一个内部物料流动线路。通过改善内部物流管理水平、压缩库存、减少物流成本与资金占用率、提高生产效率与流通效率、消除搬运浪费和充分利用空间等手段，以实现企业综合管理水平的提升，从而帮助企业实现效益最大化。

从企业角度来看，内部物流管理的核心是管理供应链中物料的流动状态和停留时间。控制存货的数量、形态和分布，加快存货周转期，使物流、信息流和资金流畅通，并形成一个完整的闭环反馈系统，做到物料供给精准化与生产需求同步化。

2. 外部物流

对于制造企业的外部物流来说，上游原材料和零部件精益化的物流配送组织是打造精益供应链、完成精益生产的重要前提。由于制造行业分工持续细化，越来越多的工业产品都须由众多企业共同参与生产，甚至形成全球性分工合作的生产体系，生产出实质上是"全球制造"的产品。因此可以说，很多产品生产者已经不再是单个企业而是众多企业所构成的"供应链体系"。这就要求供应链中的"链主"企业对整个链条中的物流运作进行管控。供应链协同要求供应链上所有成员为了一个共同目标，在采购、生产、销售、物流、研发、金融等方面实现协同管理。由于客户需求的不确定性、市场的波动，供应链各环节的成员在做采购、生产决策之前都需要对需求进行预测，不准确的预测会导致库存增加、缺货严重及客户满意度下降。所以，核心企业一般会与上下游企业分享包括预测、订单、库存在内的信息，提高预测的准确性，同时与上下游企业进行协同计划和补货。

制造企业的外部物流还包括成品物流，即成品交付这个环节的物流服务。而成品交付能力是制造企业核心竞争力的集中体现。成品交付能力，除了受产品设计、制造工艺、生产流程等因素的影响外，还受物流的影响。成品交付过程，是指从发货地的出库环节开始，经过中间的物流过程，直接把商品送到顾客手中并让顾客签收时为止。如今，这个环节日益受到重视，因为只有这个环节的物流是接触终端客户（包括经销商或消费者）的环节，这个环节运作效率的高低、服务水平的优劣，直接影响客户的满意度。总之，优秀的成品物流运作，对提高制造企业的顾客黏性和提高企业的竞争力有很大的帮助。

 相关链接

提升企业内部物流管控能力的策略

通过对企业内部物流存在问题的剖析，笔者结合企业实际情况，提出一体化的企业内部物流管理模式。

1. 强化管理意识，构建管控体系

（1）普及物流观念，树立全局物流观。企业需要对内部物流管理的重要性有足够的认识，并系统了解和学习物流知识，尤其是企业中、高层管理者物流管理意识的提升尤为重要。在"微利"时代，企业要主动转变观念，由"企业物流"向"物流企业"转变，将物流管理提升到企业战略高度，实现物流管理的系统化、信息化、一体化，使企业上下须形成"向物流要效益"的氛围。

（2）学习借鉴世界先进的物流管理理念。如借鉴日本丰田公司提出的JIT生产以及美国麻省理工学院总结的精益生产方式，依据"四适原则"，即将生产所需的原材料适质、适时、适量地送到合适的地点，并尽量减少中间环节，以便企业对在制品、半成品、成品等物料实现定制管理。学习采用看板管理方法，推动"零库存"的储存方式，对拉动系统和先进先出的管理思想做深入研究并应用到实践，从而减少生产线两侧物料的堆放，加速物流的流转。值得注意的是，企业采用JIT的生产方式时，必须实现生产的流程化与平稳化及来料质量的可控化，以达到高效率的物流。

（3）重构物流系统。通过成立专门的物流管理机构，在高度集成的信息系统支撑下，整合产前、产中、产后的物流管理职能，对企业内部供应链物流实施一体化管理。在精益物流系统中，企业管理者根据"不间断、不倒流、不迂回、不等待、不出废品和不混杂"的"六不"原则，来制定创造价值流的行动方案。建立基于整体物流模式的计划控制系统，从销售、生产、采购到财务，实施整体化计划管控，打破横向分散、条块分割、互为壁垒、重叠建设、内耗严重的现状，实现专业化、规范化的作业流程，实现资源最佳投入产出比。构建大物流体系与一体化协同物流运作模式，以业务流程为主线将仓储物流划分为"收、发、退、拨、调、盘、废、借"等八大环节，实行专业分工，确保实现仓储作业的信息流与物流对接，逐步实现"快速、准确、高效"的物流目标，更好地服务于企业的柔性化生产。

（4）编制物料配送计划、细化生产计划、规范作业程序。对内部物流系统制订针对不同物资的申请计划、仓储计划、到料计划。首先是企业各管理部门只需对物流系统的储备资金总额进行控制并加以考核，让最了解物资使用情况的物流人员来控制物资的采购计划和仓储计划，减少不必要的库存，做到按需采购、按需存储、按需发料。让附近的供应商按指令要求分批次送货，可部分直接送至生产线的工站，减少中间的库存量；其次做到配送"按作业单货同行"，建立小件物料1~2小时节拍定时配送方案，大件物料按现

场工位定量配送体系。

2.优化整体布局，加快规范化建设

改善企业整体布局与优化流程。对于企业物流系统，其规划设计的核心内容是产品、制造、运输的流程图，包括合理化的工厂、车间内部的设计与平面布置、设备的布局，通过改变和调整平面布置来优化物流。对企业内部物流流程的整改与优化离不开对企业整体布局的考虑，特别是对企业作业场所进行科学、合理的调整与优化。从平面布局角度，要考虑车间在制品的流向，原则上要以物流总行程最短为条件来布局车间。在车间链上，要使最先的输入点和最终的输出点接近仓储位置。

3.完善信息化平台，实现信息共享

（1）加大物流信息系统的应用，完善物流管理信息系统。加大物流信息系统的应用主要有以下两方面。

① 积极采用现代化信息管理系统。现代化信息管理系统既可以保证信息流的迅速、准确无误，还可以有效抑制冗余信息传递，减少作业环节，消除操作延迟，实现物流系统"快、准、灵"的特性。物流信息系统可提高物流运作效率，增强企业对市场的应变能力，实现供应链中各节点的良好匹配。及时、准确的物流信息是企业制订合理生产计划的前提，内部物流管理平台的制定要从采购到生产领域的标准流程及运行规范出发，让设计数据有源头、采购数据有依据、收货管理有计划、库存管理有标识、出库成本有归集、财务核算有凭证，从而大大改善流程处理效率，提高企业物流管理水平。

② 充分利用现有发达的物联网技术、互联网技术、云计算技术，提高信息系统在企业内部的应用水平。建立集中式信息共享平台，让各相关部门可以瞬时了解物料的数量和位置，从而分析出生产进度，并安排好原料采购和成品发货。同时，企业要在完善生产调度管理系统、仓储管理系统、仓储监控系统、运输管理系统、在途信息系统、采购营销信息共享平台的基础上，加大对相关物流信息的采集和整合力度，不断提高物流信息应用和服务水平。

（2）构建以信息技术为核心的现代物流体系。企业内部物流运输的发展表明，以信息技术为代表的高新技术对提高企业物流效率、降低物流成本具有重要作用。现代生产物流管理的基础和依据是大量的物流信息，充分利用这些大量的底层数据录入到计算机并经过计算机系统的统筹分析，进而实现对生产过程、物流管理、生产计划、调度和质量等的监督和控制，通过减少生产和供应过程中的浪费，缩短物流时间。

4. 发挥"第三方"作用，实现优势互补

发挥"第三方"的作用有以下两方面。

（1）降低企业物流活动的自我服务比重。由于客户不断压缩交货周期，加之企业内部物流管理的不足，为有效控制物流成本，企业可把部分物流环节外包给专业性较强的物流公司，把原料的采购委托给信誉较好的中间商。其实，厂内物流业务完全可以外包，其主要工作是从物料进厂开始到原料送到生产线，以及从生产线下来的产成品到出厂前的所有物流活动。

（2）整合企业内外部的物流资源。在企业内部物流的具体操作中，受季节或其他因素的影响，企业对物流的需求和内部物流的供给会出现物流资源紧缺抑或闲置的情况，这时就需要借助外部资源来实现自身利益最大化，当出现物流供应紧缺时，可以暂时借助第三方物流来满足企业内部物流的"缺口"；当企业内部物流出现闲置时，可以暂时作为第三方物流来避免企业内部物流资源的浪费。

5. 加快物流人才建设，加强专业人员培训

加快人才建设的措施有以下两方面。

（1）重视人才引进和培养，组建物流管理队伍。在引进人才的同时要注重人性化管理，既能引得来，更要留得住，使其尽心尽力，有用武之地。此外，物流人才梯队的培养和扩充途径，可以有条件、有目标、有选择、有针对性地与职业院校物流专业进行联合培养，也可尝试将企业内部物流系统管理技术的研究和分析工作嵌入到培训课程教学中去。

（2）加强现有物流专业人员培训。针对不同的工作岗位、不同的工作性质，制定不同的培训目标和内容。企业内部专业物流人员的培训应以物流管理技术的研究和分析工作为主，侧重于供应链的战略规划和管理的培训。非物流专业人员培训，可利用案例和数据，用事实向广大员工宣传内部物流降本增效的功能与作用，改变人们对传统物流系统的认识，促进物流系统的工作重心由服务向开发利润源转变。

6. 建立绩效评估体系，实现内部管理突破

建立和完善物流成本的指标考核体系。应用信息技术，引入商业智能（Business Intelligence，BI），实现物流绩效指标源数据的自动采集、统计、分析和应用，分析展现物流绩效的同时，为决策者提供数据支持。在一套完整流程、标准的指导下，建立相应的量化奖惩考核机制，进行月度、季度和年度考核，以保障优化的方案和科学的计划得以实施，实现企业内部物流管理的突破。

三、智能物流系统的规划

企业的物流系统可以看成是传统工业工程中物料搬运的升级,结合精益思想的应用,在其基础上更加的数字化、网络化、系统化、柔性化等。

一般来看,企业的物流规划,可以分成产线布局、原料仓储、配送上线、成品仓储、系统仿真、落地实施六个主要步骤,而这六个规划中的核心要点如图6-4所示。

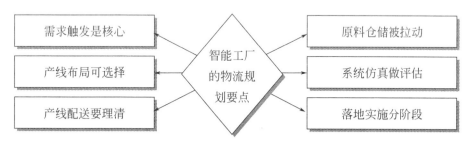

图6-4 智能工厂的物流规划要点

1.需求触发是核心

按一个基本逻辑,生产物流服务于生产,需要什么物料就按照生产需求,将物料送至生产线边,在这个过程中,不同行业、不同产品的生产、不同的生产模式、不同的管理方式,都可能导致生产物流的方式不同。

比如,实践中有过按天配物料、按半天配物料、按小时配物料等,有的实现精益生产,有的是传统制造,有的正在从传统向精益过渡,或是结合。

总之,生产物流是在服务生产,从物流角度看,生产需求是输入,通过生产系统调用物流的各种资源,这是生产与物流之间的基本关系。物流的精细程度主要是看生产模式的转变,物流的智能化不是为了智能化而智能化,而是要搞清为什么要投资做智能物流,需要研究物流走向。

企业的需求是智能物流的输入,如果企业局部标准有改变,那也是输入的改变,对于物流系统可以灵活调整。从智能物流来抓企业的核心,是"柔性化",柔性化改变了物流系统中的批量与批次,柔性化的需求,改变了生产物流的组织方式,具体如图6-5所示。

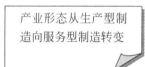

图6-5 柔性化需求对生产物流组织方式的改变

毋庸置疑，未来的企业是以用户为核心，需求更加的个性化，并且需求更加的随机。企业的物流规划核心在于对物流运作的批量与批次的改变，在此基础上对于仓储活动和生产配送活动中在信息化基础上提出了数字化的需求，同时物流设备需要与生产设备联网，形成智能设备网络，也便于整体进行智能调度和决策。

2. 产线布局可选择

产线布局是智能物流的输入还是输出？在很多生产物流规划里面都存在这样的疑问，从物流的角度，当然是产线布局作为输入，这样在规划起来会更加的清晰，但在实践中，往往产线工艺希望物流提出需求，这样可以让产线的物料供应活动更加的合理。

这个问题可以做一个切割，也就是产线的流水线工艺，对于物流来说的输入，里面的逻辑结构可以进行封装，然后把物料配送入口定义出来，这样就可以将不变的部分做了定义，可变的部分由物流来做最优化设计。

另外，有的情况是产线工艺可能会出现几种可选项，比如是直线还是U型线或是其他的类型，需要物流来提出方案，在这样的情况下，可以将几种方案都提出设想，然后进行方案的评价，当可能性比较多的时候很难通过经验法去设计，那就可以构建模型借助计算机进行模拟，找出最优的几种方案，然后再进行评价。

3. 产线配送要理清

企业的物料配送是智能物流非常关键的环节，因为这里是物流与制造的接口，这里有几个比较重要的点。

（1）什么时候配？这个点关系到生产节拍和物流供给的批次，如果做到JIT，那就需要按多批次供应，对配送能力要求高，频繁地进行补货，线边尽量做到零库存。同时，这里需要和生产及整个企业的管理结合，看生产是否需要那么快的物流节拍去配合，另外从整个生产管理的角度看是否需要做到线边零库存。

（2）配多少？这里涉及配送的批量，与产线工位设计密切相关，也和生产工位关联的物料相关，同时，还要考虑到装载容器，是采用工装进行装载，还是采用料盒装载，尺寸多大，一个容器有多少物料数量，这些会作为基础数据在物流分析中进行详细分析。

（3）怎么配？智能物流在这里得以充分表现，企业中主要还是考虑智能化的配送，比如采用AGV（自动引导运输车）的配送，这里想强调的并不是配送智能化设备，而是将配送的规划、如路径、配送批量、批次等与智能化配送工具如何融合，从实际的配送业务需求导向配送的设备，这才是科学的方法，而不是为了智能化而智能化。

那么如何去规划和评估，企业应从流程活动中的实际需求出发，将流程进行拆分，进行系统化的数据分析甚至是模拟分析，才能做到科学的配送规划。

4. 原料仓储被拉动

原料仓储直接服务于生产，是制造企业非常关注的环节，所有的产线需要的物料都从原料仓发起，也是供应商的交接点，很多标准化的包装也将在这里开始对供应商进行要求，所以原料仓储是企业物流规划中的一个"战略节点"。在企业中，除了传统的仓储规划外，还需要注意以下两点。

（1）对于包装的要求更高。对于包装要求，企业可采取图6-6所示的两种措施。

  直接对供应商的来料包装作要求。企业的生产配送环节对于智能化要求高，那么就必须进行数据识别与采集，才能进行智能的管理和调度作业，而从供应商管理开始实现按生产需求设计标准化包装是最高效的管理方式

  可以在生产配送前进行拆包或者重新按齐套性进行匹配，以供直接配送上线进行智能化的生产作业

图6-6　对包装达到高要求采取的措施

（2）对于拣选的要求更高。企业提高了生产的柔性，物流随着生产柔性的提高，也将实现小批量多批次的分拣作业，如果还是以人工的方式作业，那么很可能造成人员数量大幅上升，自然也违背了企业的原则。所以，在分拣的环节一方面是需要按照生产的批量与批次的要求进行分拣；另一方面，分拣的设备也最好是进行设备联网，根据信息化架构的要求，可以直接与MES对接，也可以与数据交换中心对接，可以实现高效的作业。

5. 系统仿真做评估

智能供应链建设本身就是以数字化为基础，智能物流的规划与落地里面涉及智能调度问题，一是可供设计的方案有很多种，二是投入非常大，整个智能物流设计方案都是按经验的原则去设计的话，存在较大风险，如果将经验原则与启发式优化算法和模拟仿真结合，那么可以实现一个"最优化"的决策方案。

企业在对智能物流进行规划与设计的时候，就需要物流的各模块，包括原料仓、成品仓，物料搬运中的人、设施、设备等一切物流资源构建为一个智能物流系统，按照流程活动构建其中的逻辑，将来料供应和生产需求以及客户的订单需求构建为输入，通过输入来调用系统中的各种资源，最终通过生产活动的触发来模拟整个系统中的资源配置是否合理，评估生产力或者是投入产出效果。

6.落地实施分阶段

企业智能物流系统的落地实施分为图6-7所示的三个阶段。

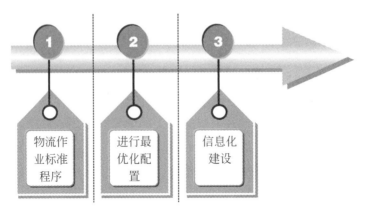

图6-7 智能工厂物流的落地实施阶段

(1) 物流作业标准程序。从原料入库、存储、分拣、配送以及成品入库到出库的全过程都要进行作业流程的设计与落地,这里面强调的是将生产物流的流程与企业的流程进行融合和升级,形成企业具体的适合智能供应链的物流流程。

(2) 进行最优化配置。将智能设备在物流流程需求中通过充分的数据分析和模拟,结合效率与成本进行最优化配置。从系统角度看,设备可以抽象为"处理数据"的工具,在此基础上结合设备厂家的设备供应情况进行匹配和修正,毕竟不是所有的理论方案都有设备可以供应,有时候设备的供给也会成为一种约束。

(3) 信息化建设。智能供应链中信息化是关键,也是难点之一,实现全流程的信息化,需要将多个信息化子系统进行对接外,有的是已经应用很多年,有的未来开发需要预留接口,除了管理系统对接外,还需要和硬件的控制系统对接等。物流系统融入里面也是如此,如WMS(仓储管理系统)、OMS(订单管理系统)、WCS(仓储控制系统)等,都需要从实际的物流业务出发,来对企业的物流系统做信息化规划,可以先做整体信息化架构,然后结合标准化的产品模块,再以数据交互和智能调度为核心进行二次开发。

> **小提示**
>
> 智能物流的实施需要有分阶段的实施计划,一方面是配合智能工厂的建设,包括新建工厂的搬迁或者老工厂的改造,以及试点的产线,可以先行实施,其他产线逐步实施等;另一方面在智能物流系统建设自身,由于投入金额高,实施难度较大,也是需要进行整体规划,分步实施。

相关链接

智能制造对物流系统的要求

《2016年智能制造综合标准化与新模式运营项目指南》的出台，首次将"智能物流与仓储系统"作为五大核心智能制造装备之一，智能物流被赋予了更重要的使命。那么，新形势下智能制造对物流系统提出了哪些新要求？

1. 高度智能化

智能化是智能物流系统最显著的特征。与人们常说的自动化物流系统有所不同的是，智能物流系统不局限于存储、输送、分拣等单一作业环节的自动化，而是大量应用机器人、激光扫描器、RFID、MES、WMS等智能化设备与软件，融入物联网技术、人工智能技术、计算机技术、信息技术等，实现整个物流流程的自动化与智能化，进而实现智能制造与智能物流的有效融合。

2. 全流程数字化

在智能制造的框架体系内，智能物流系统能够将制造企业内外部的全部物流流程智能地连接在一起，实现物流网络全透明的实时控制。而实现这一目标的关键在于数字化。只有做到全流程数字化，才能使物流系统具有智能化的功能。

个性化、高端化、参与感、快速响应是工业4.0背景下物流的重要特点。未来物流的发展方向是智能的、联通的、透明的、快速的和有效的，而所有物流活动的实现都需要全流程的数字化作支撑。在这个过程中，大数据、云计算技术的应用将发挥重要作用。

3. 信息系统互联互通

智能制造对物流信息系统也提出了更多的需求：一方面，物流信息系统要与更多的设备、更多的系统互联互通，相互融合，如WMS系统与MES系统的无缝对接，这样才能保障供应链的流畅；另一方面，物流信息系统需要更多依托互联网、CPS（信息物理系统）、人工智能、大数据等技术，实现网络全透明和实时控制，保证数据的安全性和准确性，使整个智能物流系统正常运转。

4. 网络化布局

这里所讲的网络化，主要是强调物流系统中各物流资源的无缝连接，做到从原材料开始直到产品最终交付到客户的整个过程的智能化。

业内人士分析认为，智能物流系统中的各种设备不再是单独孤立地运行，它们通过物联网和互联网技术智能地连接在一起，构成一个全方位的网状结构，可以快速地进行信息交换和自主决策。这样的网状结构不仅保证了整个系统的高效率和透明性，同时也最大限度地发挥每台设备的作用。

5.满足柔性化生产需要

对于智能制造来说，还有一个极为显著的特征就是"大规模定制"，即由用户来决定生产什么、生产多少。客户需求高度个性化，产品创新周期持续缩短，生产节拍不断加快，这些是智能物流系统必须迎接的挑战。因此，智能物流系统需要保证生产制造企业的高度柔性化生产，根据市场及消费者个性化需求变化来灵活调节生产，提高效率，降低成本。

四、智能物流系统的构建

智能物流系统实现了物料在生产工序间流转，支持智能制造系统高效运行，可以说智能物流是实现智能制造的核心与关键。

1.智能物流系统的组成

智能单元化物流技术、智能物流装备、物联网技术以及智能物流信息系统是打造智能物流的核心元素。在这个智能物流系统中的一切设备，不管是单元化物流设备还是自动化物流装备，都将是自主决策、去中心化、离散控制的，它们拥有高度的自动化和柔性。

（1）智能单元化物流技术。单元化物流根据集装器具可分为图6-8所示的三种。

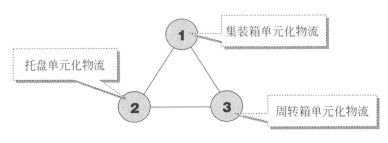

图6-8 单元化物流的分类

在现代单元化物流技术中，单元器具不仅是物料的载体，也成为信息流的载体。单元化物流的功能，是将原来分立的物流各环节有效地联合为一个整体，使整个物流系统实现合理化。在工业4.0智能工厂框架内，智能物流单元化技术是连接供应商、制造商和客户的重要环节，因此是构建未来智能工厂的基石。智能托盘/周转箱将成为工业4.0时代的基本智能单元，向物流系统发出行动指令，利用智能物流单元化技术拉动整个供应链。

比如，德国物流研究院（Fraunhofer IML）自主研发了一种叫做inBin的智能周转箱技术，通过在周转箱上加装感知与智能控制单元，实现了物流单元的智能化。如图6-9所示。

（2）智能物流装备。结合射频识别（RFID）、光电感应、红外感应器、超声波感应、激光扫描器、机械视觉识别等技术和装备，按约定的协议，将它们加载到物流装备上（如搬运装卸、输送、分拣、货架等设备），并且通过数据共享让它们可以自主决策。近年来，自动化物流设备技术发展呈现出智能化、网络化、柔性化、轻型化、节能化和绿色环保等趋势。在产品设计方面强调模块化、系列化和通用化，以提高产品质量，降低制造成本，缩短生产时间。

比如，德国物流研究院研发的高柔性CTS（Cellular Transport Systems，小型自主运输单元）技术，有别于传统的穿梭车。在这个系统中，每辆小车都是一个独立单元，它们将会取代柔性差的输送设备，可以根据所在位置与状态自主承接合适的订单，并与生产设备及其他小车智能交互，自主解决行走中遇到的问题。如图6-10所示。

图6-9　inBin智能周转箱

图6-10　自主运输单元CTS

这种小车基于物联网技术，实现自主控制，能利用群智能技术完成复杂运输任务，具有随需随到的运输能力，并且能实现在货架和地面两栖移动，具有较好的柔性。

（3）物联网技术。正如智能单元化物流和智能物流装备中介绍的例子所描绘的，设备和设备之间直接的信息交换需要以物联网作为载体。物联网满足了智能物流网络化的需求，同时也是实现全流程数字化的关键。目前已经可以初步实现物联网的应用主要是Wi-Fi和蓝牙技术，但是数据准确率很低、耗电量也大。广域物联网可以用光纤，但只适用于连接摄像头等宽带终端。要想达到高效的智能互联，需要物联网技术不断提升。

窄带物联网（NB-IoT）是 IoT 领域一个新兴的技术，支持低功耗设备在广域网的蜂窝数据连接，也被叫作广域网（LPWA）。它连接的设备更简单，具有高耦合、终端成本低、即插即用、可靠性高、统一的业务平台管理等特点，主要面向低速率、深度覆盖、低功耗、大数据连接的物联网应用场景。这样的技术很好地契合了智能物流要求，实现各智能物流单元和智能物流装备之间低层面的相互交流和决策，真正实现了一个密集网状连接，提高信息交换效率及准确性。

（4）智能物流信息系统。物联网技术实现了智能物流中各种设备的网状连接与通信，而在整个智能物流的顶端离不开一个智能的云端系统，也就是智能物流信息系统。它将所有的数据信息存在云端，通过制定的协议和规则进行数据的共享和处理，以及在使用过程中保证数据的安全性和准确性，使整个智能物流系统能正常运作。依托于互联网、CPS、人工智能、大数据等技术，智能物流信息系统可以实现网络全透明与离散式实时控制，实现工业 4.0 和智能制造的技术对接。

2. 智能物流系统的搭建

智能物流系统是智能制造企业提高生产效率、订单交付能力、库存周转水平三大智能制造关键指标的重要支撑，也是保证产品品质、提升制造企业竞争力的核心。企业可从图 6-11 所示的几个方面来着手搭建智能物流系统。

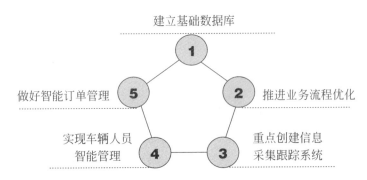

图 6-11 智能物流系统的搭建

（1）建立基础数据库。建立内容全面丰富、科学准确、更新及时且能够实现共享的信息数据库是企业建立信息化建设和智能物流的基础。尤其是数据采集挖掘、商业智能方面，更要做好功课，对数据采集、跟踪分析进行建模，为智能物流的关键应用打好基础。

（2）推进业务流程优化。目前企业传统物流业务流程信息传递迟缓，运行时间长，部门之间协调性差，组织缺乏柔性，制约了智能物流建设的步伐。企业尤其是物流企业需要以科学发展观为指导，坚持从客户的利益和资源的节约保护为出发点，运用现代信息技术和最新管理理论对原有业务流程进行优化和再造。企业物流业务流程优化和再造包括图6-12所示的内容。

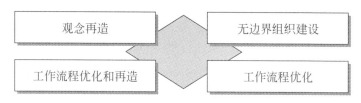

图6-12 企业物流业务流程优化和再造的内容

（3）重点创建信息采集跟踪系统。信息采集跟踪系统是智能物流系统的重要组成部分。物流信息采集系统主要由RFID射频识别系统和Savant（传感器数据处理中心）系统组成。每当识读器扫描到一个EPC（电子编码系统）标签所承载的物品制品的信息时，收集到的数据将传递到整个Savant系统，为企业产品物流跟踪系统提供数据来源，从而实现物流作业的无纸化。

而物流跟踪系统则以Savant系统作为支撑，主要包括对象名解析服务和实体标记语言，包括产品生产物流跟踪、产品存储物流跟踪、产品运输物流跟踪、产品销售物流跟踪，以保证产品流通安全，提高物流效率。

> **小提示**
>
> 创建信息采集跟踪系统，要先做好智能物流管理系统的选型工作，而其中信息采集跟踪子系统是重点考察内容。

（4）实现车辆人员智能管理。对车辆人员的智能管理包括图6-13所示的内容。

内容一	车辆调度：提供送货派车管理、安检记录等功能，对配备车辆实现订单的灵活装载
内容二	车辆管理：管理员可以新增、修改、删除、查询车辆信息，并且随时掌握每辆车的位置信息，监控车队的行驶轨迹，同时可避免车辆遇劫或丢失，并可设置车辆超速告警以及进出特定区域告警
内容三	监控司机、外勤人员实时位置信息以及查看历史轨迹
内容四	划定告警区域，进出相关区域都会有告警信息，并可设置电子签到，并最终实现物流全过程可视化管理

图6-13 对车辆人员实行智能管理内容

实现车辆人员智能管理,还要能做到高峰期车辆分流控制,避免车辆的闲置。

企业尤其是物流企业可以通过预订分流、送货分流和返程分流实行三级分流。高峰期车辆分流功能能够均衡车辆的分布,降低物流对油费、资源、自然的破坏,有效确保客户单位的满意度,对解决提高效率与降低成本的矛盾具有重要意义。车辆人员智能管理也是智能物流系统的重要组成模式,在选型采购时要加以甄别,选好选优。

(5)做好智能订单管理。推广智能物流的一个重点就是要实现智能订单管理,具体措施如图6-14所示。

措施一	让公司呼叫中心员工或系统管理员接到客户发(取)货请求后,录入客户地址和联系方式等客户信息,管理员就可查询、派送该公司的订单
措施二	通过GPS定位某个区域范围内的派送员,将订单任务指派给最合适的派送员,而派送员通过手机短信来接受任务和执行任务
措施三	系统要能提供条码扫描和上传签名拍照的功能,提高派送效率

图6-14 智能订单管理措施

3.智能物流系统的落地

智能物流有着很好的发展前景,将配合智能制造彻底改变生产方式。但是在落地的过程中,除了技术层面的壁垒,仍然有诸多挑战和难点需要克服。对此,企业应重点注意以下几个方面。

(1)重流程。在智能物流的落地过程中,流程再造和优化是重中之重。国内企业常常不重视流程方面的分析,而更愿意投资昂贵的设备,但是投资硬件并不能让企业直接找到流程上的不足,只有持续不断进行流程优化,才能把企业内部不合理的东西深挖出来,通过两化融合实现智能制造。

(2)重规划。在智能物流落地方法上,企业需要制定相应的智能物流战略,根据愿景制定相应的行动计划,由此确定整体发展路径。

以宝马莱比锡工厂为例,其外观犹如一把梳子,这样的造型是为了物流的便利性。通过运送不同零组件的货车直接开至离装配线最近区域,这样部件进厂后可直接送至相应工位,实现生产和供应JIT。

(3)重标准。目前,我国政府对于两化融合、《中国制造2025》非常支持,许多企业大力度地投入研发,希望立起行业标杆,在下一个工业时代中成为弄潮儿。但在把项目做大做强前，企业需要关注相应标准的制定，强调国家级标准的重要性。当前的工业4.0标准尚未完全清晰，行业不仅要重视国际方面的进展，也要加强国内物流标准化建设，比如集装单元标准化、通信协议标准化。这些看似小的问题如果得不到解决，不仅降低了物流效率，也极大阻碍智能物流发展。

面向智能物流的前沿应用

尽管目前物流装备行业的发展离上述的智能物流还有较远的路程要走，但是随着相关研发的投入，市场上已经逐渐开始出现支撑智能物流的产品。

1. 箱（盒）式超高速自动仓库

箱（盒）式超高速自动仓库如下图所示。

箱（盒）式超高速自动仓库

该立库的单巷道中同时设置多台堆垛机，运用先进的同步协调控制技术使其在各自独立的作业中互不干涉。巷道内的堆垛机为上下两层结构，同时作业，其入出库处理能力可达2200箱（盒）/小时。同时它也是集存储、输送、分拣于一体的新型配送系统，完全实现了分拣、集货等环节的自动化。其中，分拣系统采用了立体化的三维布局，与以往的平面布局相比，既节省空间又节约了人力。

2. 第三代物流机器人

第三代物流机器人实现了从自动化到智能化的转变，它们由移动车体、机械臂和机械手组成，具有高度自主性，能够完成多种功能如物体识别、抓取分拣及运输，在效率和功能上远超第二代，可满足智能物流对于设备高柔性自动化的需求。

3.全方位传送带分拣系统

全方位传送带分拣系统如下图所示。

全方位传送带分拣系统

以往的传送带只能按固定的路线传送物品,并且对物品的形状规格也有要求,这显然无法满足柔性、智能化的生产物流要求。市场上推出的全方位传送带,以互锁方式相互交错,由全长销杆组装在一起,可以实现物品在传送面上全方位的移动,彼此之间可以互不干扰,同时通过箱子上的RFID可以替代人工拣选,大大提高了物流作业效率。

4.AR智慧物流系统

在这个系统中,分拣工作人员戴上AR眼镜,可以直观看到商品的质量、体积等各种信息,进行快速分拣。系统会指导工作人员按照最优路线行走,迅速找到货架上的商品,并进行扫描。之后,AR眼镜还能帮助工作人员迅速地完成质量检测、包装等工作。这样的系统对于多零件、个性化的产品定制化生产有很大帮助,可以实现智能化。

5.手持式智能读码器

各种条码已经广泛地用于工厂,快速并且准确地识别条码信息有助于加快物流智能化。行业中推出的基于图像的ID读码器,可对具有不同大小、质量、打标或印刷方法的直接部件标识、二维码以及一维码进行解码。通过配备高级液态镜头成像系统和柔性照明技术,它能够解码各种各样表面上最难以辨别的直接部件标识。配备以太网通信和工业协议,可轻松集成工业自动化设备,能够快速、高效地执行安装和维护。同时,配备现场可交换通信模块,通过一个读码器可以满足客户特定的以及不断变化的通信需求。

五、智能仓储系统的应用

智能仓储系统是集物料搬运、仓储科学和智能技术为一体的一门综合科学技术工程，因劳动力节约、作业迅速准确、保管效率高、物流费用低等优越性而得到广泛重视。它是供应链、物流和生产制造中不可或缺的重要组成部分，其智能化管理在增加企业利润、提高企业竞争力和满足客户服务等方面已经越来越成为一个重要的因素。

1. 智能仓储的意义

智能仓储可实现仓库的信息自动化、精细化管理，指导和规范仓库人员日常作业，完善仓库管理，整合仓库资源，并为企业带来图6-15所示的价值。

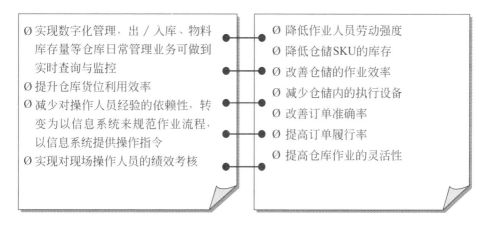

图6-15　智能仓储带给企业的价值

2. 智能仓储的优势

智能仓储系统是智能制造工业4.0快速发展的一个重要组成部分，它具有节约用地、减轻劳动强度、避免货物损坏或遗失、消除差错、提供仓储自动化水平及管理水平、提高管理和操作人员素质、降低储运损耗、有效地减少流动资金的积压、提供物流效率等诸多优点。具体来说，智能仓储的优势如图6-16所示。

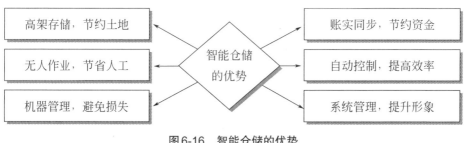

图6-16　智能仓储的优势

(1) 高架存储，节约土地。在当前"地王"频现的中国，土地已成为稀缺资源，如何将有限的土地进行最大限度地利用已成为一些公司努力追求的目标。智能仓储装备系统利用高层货架储存货物，最大限度地利用空间，可大幅度降低土地成本。与普通仓库相比，一般智能立体仓库可以节省60%以上的土地面积。

(2) 无人作业，节省人工。在人力资源成本逐年增高、人口红利逐渐消逝的中国，智能仓储装备系统实现无人化作业，不仅能大幅度节省人力资源，减少人力成本，还能够更好地适应黑暗、低温、有毒等特殊环境的需求，使智能仓储装备系统具有更为广阔的应用前景。

(3) 机器管理，避免损失。智能仓储装备系统采用计算机进行仓储管理，可以对入库货物的数据进行记录并监控，能够做到"先进先出""自动盘点"，避免货物自然老化、变质，也能减少货物破损或丢失造成的损失。

(4) 账实同步，节约资金。智能仓储装备管理系统可以做到账实同步，并可与企业内部网融合。企业只需建立合理的库存，即可保证生产全过程顺畅，从而大大提高公司的现金流，减少不必要的库存，同时也避免了人为因素造成的错账、漏账、呆账、账实不一致等问题。虽然智能仓储装备管理系统初始投入较大，但一次投入长期受益，总体来说能够实现资金的节约。

(5) 自动控制，提高效率。智能仓储装备系统中物品出入库都是由计算机自动化控制的，可迅速、准确地将物品输送到指定位置，减少了车辆待装待卸时间，可大大提高仓库的存储周转效率，降低存储成本。

(6) 系统管理，提升形象。智能仓储装备系统的建立，不仅能提高企业的系统管理水平，还能提升企业的整体形象以及在客户心目中的地位，为企业赢得更大的市场，进而创造更大的财富。

 相关链接

智能仓储能为传统制造企业做些什么？

在制造企业内部，现代仓储配送中心往往与企业生产系统相融合，仓储系统作为生产系统的一部分，在企业生产管理中起着非常重要的作用。因此仓储技术的发展不是跟公司的业务相互割裂的，跟其他环节的整合配合才更有助于仓储行业的发展。

随着智能仓储的迅速发展，立体货架、仓储叉车、堆垛车、拣选设备等，都会有着长足的发展，以及更广阔的应用。

由于智能化程度低下，缺少科学的规划和管理，很多传统制造企业的老式仓库中,长久以来存在这样一种现象:总感觉仓库东西太多不够用,想要的东西找不到,不想要的东西又没有及时丢掉。

仓库建设缺乏长远规划,大多使用手工管理模式,导致仓库数据不准确,管理人员不能及时处理缺货、爆仓等情况,影响企业的正常生产运营。

智慧仓储和物流技术的引入,可以帮助传统制造企业更加精准、高效地管理仓库以及零件、半成品和成品的流通,有效降低物流成本,缩短生产周期。

此外,随着物流成本降低,产品流通的地域将更加广泛,覆盖更多的受众群体,并可根据不同区域的特殊情况形成细分市场,进而影响到企业的产品、运营和营销。

那么智能仓储和物流技术具体能为企业解决哪些问题呢?

制造业物流是一级供应商的接入口以及通往客户/分销商的输出口,通常需要解决以下三个问题:接收并管理供应商的物料;配送物料到生产线;接收下线的完成品并配送到一级客户手中。

前两个属于原材料仓储,后一个属于成品仓储,一般制造型企业会将二者分开管理。

1. 原材料仓储

(1)自动入库。物料进入制造企业流通的第一个环节是入库。通过条码读取技术快速将物料信息录入系统,可以促进物流体系各个作业环节的自动化和信息化。

目前主要的条码采集手段是手持设备扫描,其优点是移动性较好,灵活度高,缺点是效率较低,错误率高,人力成本高。

先进的固定式扫描方式,可通过传感器和智能摄像机完成对包装上的数字码信息的采集、识别、管理与分析,大幅提升条码的处理速度和准确率,并借助体积测量模块快速测量包装体积,实现自动扫描入库。

(2)库存优化。物料进入仓库以后,企业需要根据物料的包装体积决定如何摆放以最大化地利用空间,同时又必须兼顾各种物料的取货频次以及取货距离,实现整体效益的最大化。这是一个非常复杂的过程。

以往这些决策都是相关负责人根据主观感受做出的,缺少科学依据,效果参差不齐。自动化技术的进步,为企业决策者提供了充足的理论依据和行之有效的工具。

(3)物料搬运。装卸搬运贯穿于物流作业的始末,物流机器人的应用直接提高了物流系统的效率和效益,是实现智慧物流的重要设备。

一方面，通过使用智能仓储机器人，可大幅降低工人劳动强度，提升生产效率和质量；另一方面，配套的机器人调度系统和智能仓储管理系统采用大数据分析技术对仓储进行布局，能大幅提升仓储的作业效率和跨产线生产的安全性。

2. 成品仓

商品生产出来以后，制造企业还需要将它们运输到全国各地的仓储中心，并最终送到客户和分销商手中。

那么制造企业该如何选择仓储中心的地理位置，以实现最大范围的区域覆盖？每个仓储中心该分配多少商品，才不会形成货物积压？产品运输途中如何选择车辆行驶路线，才能将运输成本最小化呢？这些都是制造企业需要考虑的问题。

以人工智能和运筹学算法为核心的智慧仓储和物流技术，其优势显而易见。

但是，智慧仓储和物流是个系统级工程，实现起来并不容易。

国内制造业主要以中小型企业为主，要为每个企业提供一套定制化的解决方案成本过高，行业标准的缺失又使得难以制定一套能够推广到整个行业的方案。此外，硬件升级改造的成本也考验着企业决策者的魄力。

不过，毋庸置疑，制造企业物流和仓储系统智能化改造带来的收益将远大于投入。未来技术进一步成熟，其成本将大幅降低。

3. 智能仓储的装备

智能仓储体系的打造，离不开高效先进的软硬件的有机融合。

（1）自动化运输系统。自动化运输系统主要包括皮带输送线、滚筒输送线以及托盘输送线等，主要用于纸箱和周转箱的输送。

① 皮带输送线。皮带输送线也称皮带输送机，是运用输送带的连续或间歇运动来输送各种轻重不同的物品，既可输送各种散料，也可输送各种纸箱、包装袋等单件重量不大的件货，用途广泛。如图6-17所示。

② 滚筒输送线。滚筒输送线是指能够输送单件重量很大的物料，或承受较大的冲击载荷的机械。适用于各类箱、包、托盘等件货的输送，散料、小件物品或不规则的物品需放在托盘上或周转箱内输送。如图6-18所示。

③ 托盘输送线。托盘输送线是指在驱动装置的驱动下，利用滚筒或链条作为承载物，对托盘及其上的货物进行输送。如图6-19所示。

图6-17 皮带输送线

图6-18 滚筒输送线

（2）自动存储系统。自动存储系统包括自动化立体仓库和自动化密集存储系统两部分。

① 自动化立体仓库。自动化立体仓库因其作业的高效性在制造企业内得到了大量应用，制造业的仓储系统开始逐步脱离传统的部署方式，向更加精益和智能的方向发展。如图6-20所示。

图6-19 托盘输送线

图6-20 自动化立体仓库

自动化立体仓库的主体由货架、巷道式堆垛起重机、入（出）库工作台和自动运进（出）及操作控制系统组成。具体如表6-1所示。

表6-1 自动化立体仓库的构成

序号	类别	具体说明
1	高层货架	通过立体货架实现货物存储功能，充分利用立体空间，并起到支撑堆垛机的作用。根据货物承载单元的不同，立体货架又分为托盘货架系统和周转箱货架系统
2	巷道式堆垛机	巷道式堆垛机是自动化立体仓库的核心起重及运输设备，在高层货架的巷道内沿着轨道运行，实现取送货物的功能。巷道式堆垛机主要分为单立柱堆垛机和双立柱堆垛机

续表

序号	类别	具体说明
3	出入库输送系统	巷道式堆垛机只能在巷道内进行作业,而货物存储单元在巷道外的出入库需要通过出入库输送系统完成。常见的输送系统有传输带、穿梭车(RGV)、自动导引车(AGV)、叉车、拆码垛机器人等,输送系统与巷道式堆垛机对接,配合堆垛机完成货物的搬运、运输等作业
4	周边设备	周边辅助设备包括自动识别系统、自动分拣设备等,其作用都是为了扩充自动化立体仓库的功能,如可以扩展到分类、计量、包装、分拣等功能
5	自动控制系统	自动控制系统是整个自动化立体仓库系统设备执行的控制核心,向上联接物流调度系统,接受物料的输送指令;向下联接输送设备实现底层输送设备的驱动、输送物料的检测与识别;完成物料输送及过程控制信息的传递
6	仓储管理系统	仓储管理系统是对订单、需求、出入库、货位、不合格品、库存状态等各类仓储管理信息的分析和管理。该系统是自动化立体仓库系统的核心,是保证立体库更好使用的关键

> **小提示**
>
> 自动化立体仓库的应用在制造企业内已经越来越多,特别是烟草、医药、机械、汽车、食品饮料等行业。

② 自动化密集存储系统。自动化密集存储系统,一般是指利用特殊的存取方式或货架结构,实现货架深度上货物的连续存放,达到存储密度最大化的仓储系统。该类应用主要是根据仓库面积、存放货物种类、期限要求等因素,选择不同的货架类型,以实现货物的机械化或自动化存储,提高存储密度及作业效率。

在密集存储系统中,货架是最重要的组成主体。最初的密集存储系统主要是指各类货架形式,包括驶入式货架、压入式货架、重力式货架、移动式货架等。目前,在密集存储领域,穿梭式货架系统、多深位自动化立体仓库等技术近年来发展迅速。如图6-21所示为穿梭式货架系统。

图6-21 穿梭式货架系统

穿梭式货架系统由穿梭车、货架加上高精度导轨与管理软件组成，其作业原理是：通过在货架深度方向设置穿梭车导轨，存货时只需将货物放在导轨的最前端，导轨上的无线遥控穿梭车会自动承载托盘在导轨上运行，将其放置于导轨最深的货位；取货时穿梭车会将托盘货物放置于导轨最前端，叉车取走即可。穿梭车货架系统既可以实现先进先出，也可以实现先进后出。该系统的作业原理与传统的驶入式货架相似，但又不局限于巷道进深数，其空间有效利用率最多可以提高到90%，场地利用率也可达到60%以上，能实现单位面积最大的装载密度。

（3）自动分拣系统。自动分拣系统（Automatic Sorting System）是先进配送中心所必需的设施条件之一。可将随机的、不同类别、不同去向的物品，按产品的类别或产品目的地，从产品仓库或者是货架，经过拣选后按照系统要求的路径送到仓库出货装车位置。自动分拣系统具有很高的分拣效率，通常每小时可分拣商品6000～12000箱。如图6-22所示。

图6-22　自动分拣系统

（4）机器人分拣系统。基于快递物流客户高效、准确的分拣需求，分拣机器人系统应运而生。通过分拣机器人系统与工业相机的快速读码及智能分拣系统相结合，可实现包裹称重/读码后的快速分拣及信息记录交互等工作。如图6-23所示。

图6-23　机器人分拣系统

（5）货到人拣选系统。所谓"货到人"拣选系统，简单来说就是在物流中心的拣选作业过程中，由自动化物流系统将货物搬运至固定站点以供拣选，即，货动，人不动。如图6-24所示。

图6-24　货到人拣选系统

4. 智能仓储的规划原则

无论采用多么先进的智能软硬件，都必须根植于企业的实际情况，因此，企业在规划智能仓储时应遵循图6-25所示的原则。

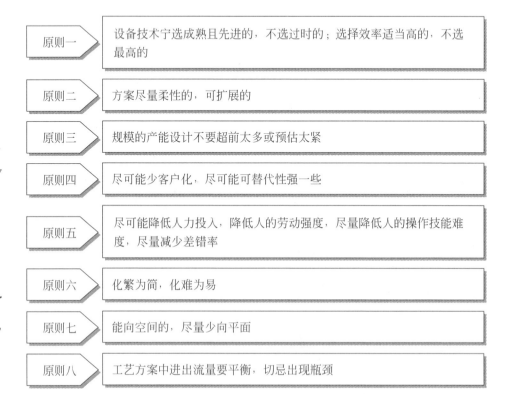

图6-25　智能仓储的规划原则

5. 场地工艺方案的规划

工艺方案规划的合理与否取决于基础数据的收集，数据收集要尽量准确、可靠。这些基础数据包含货物的大小、重量、外包装情况、整托盘/整箱和拆零的比例，SKU（库存量单位）多少、SKU特性、每天出入库量、订单行数、订单数量、仓库周转期、库存量等。

（1）数据收集和EIQ分析（E是指"Entry"，I是指"Item"，Q是指"Quantity"，即从客户订单的品项、数量、订货次数等方面出发，进行配送特性和出货特性的分析），EIQ分析是工艺方案规划的先决条件。

（2）流程的规划与合理设计。智能仓储与传统仓储在流程上有很多是相似的，也有很多差异之处，这就要求决策者要打破传统观念，不能一味按照固有的思维来进行方案设计。有些流程是可以简化和删减的，一定要解放思想。所谓合理就是要切合实际需求。

（3）功能区位置、大小的规划。比如立体仓库存储区、分拣区、补货区、复核区、集货区、路由分拣区、发货区等，都是需要根据业务要求来合理规划。

（4）货位的规划与设计也是比较重要的，比如爆款品一定是离打包、复核、出库等区域比较近的，另外如退货的、重货、轻货分别放到哪一个位置也需要做好设计。

（5）动线的合理规划和设计。动线在仓储规划里是核心中的核心，所有的业务操作都是通过动线来连接起来的。

（6）岗位设计和人力规划。这是IE（工业工程）里的一个分支，叫岗位设计和人力规划，比如按照目前的业务量和处理能力，这个岗位要安排多少人，如补货、打包、入库、摘果等岗位需要多少人等。

 小提示

> 工艺方案决定了项目操作流程的合理规划、各功能区域的合理划分、动线的合理设计，其合理性决定了运营操作的顺畅与否。

6.智能仓储设备的选型及功能参数的确定

智能仓储设备的选型及功能参数的确定关系着项目的成败，也是最花钱的地方。企业应根据自身的实际情况进行考量与选择。

相关链接

5G给智能仓储带来"芯"变化

5G到来后，物联网的发展将会给智能仓储带来"芯"的变化。仓储企业不仅可以实现全自动化仓储，还可对货物的出、入进行合理的控制。

全自动化仓储，将为企业解决大量人工成本，同时也会使企业的仓储运维效率大幅提高。通过立体化的全自动仓储系统，仓储企业可以将光、机、电、信息等融为一体进行管控，可实现对物料传输、识别、分拣、堆码、仓储、检索和发售进行一体化管理。

除了实现全自动仓储之外，企业还可通过大数据，对货物的储备情况一目了然。当然，还可以通过数据分析，来推断出各地区的货物需求分布情况，实现货物有"目的地"的流动。

以京东为例，首先，对用户购买的习惯和能力进行分析，大数据预测得知用户购买力强的商品，基于LBS定位客户位置，然后通过物流体系将实物铺到指定的前置仓库。当客户下单后，前置仓库的自动化仓储系统将开始分拣和出库，待快递人员到达仓库时，货物已经在出库口等待出库，大幅提升了仓储的办公效率，同时，也大幅降低了仓储的冗余和损耗。

六、物流外包的管理

物流业务外包，即制造企业或销售等企业为集中资源、节省管理费用、增强核心竞争能力，将其物流业务以合同的方式委托给专业的物流公司运作。外包是一种长期的、战略的、相互渗透的、互利互惠的业务委托和合约执行方式。

1.物流外包的好处

供应链将是未来企业之间竞争的重点，制造企业应该作为供应链的核心企业，带领供应链的所有成员共同面对市场。制造业与物流业实行服务外包联动，不但可以减少制造企业物流成本，将资金、人力、物力集中用于生产，还可依托物流企业的服务，将采购和销售半径大幅度延伸开去，可以将工厂内的原材料库存和成品库存大幅度削减下去。

2.物流供应商的选择

企业可按下列指标对物流外包供应商进行选择。

（1）信息化建设水平。物流活动的高效与否直接影响到制造业生产链的全局效益，而信息又是贯穿物流活动整个过程的灵魂，因此，物流信息的软、硬件建设水平与物流活动整体效率的提高是密不可分的。拥有优秀的信息人员以及可靠的计算机网络和物流信息管理系统，就能快速、正确地提供物流信息，并能快速高效地为物流作业提供及时有效的支持。供应商信息化建设水平考察指标包括表6-2所示的内容。

表6-2　供应商信息化建设水平考察指标

序号	指标	具体说明
1	信息网络性能	按照局域网的带宽、数据流量、服务器容量、速度、安全性进行综合评价
2	物流信息系统性能	结合物流信息管理系统每年出错率、易用性、带来的经济效益、与其他系统的兼容性、易维护性等各方面因素进行综合评价
3	信息系统建设情况	通过企业每年投资信息系统建设金额总值所占企业年投资金额总值的比例多少来判断，值越大反映出企业对信息系统建设越重视
4	信息传递速度	以信息反馈时间来进行衡量，时间越短越好
5	信息人员素质	以信息人员学历情况、工作技能情况、职业道德观、工作积极性和协调能力进行综合评价

（2）物流资源情况。物流资源情况的考察主要从人员工作绩效、运输资源、仓储资源和装卸资源四个方面进行，具体如表6-3所示。

表6-3 供应商物流资源情况考察指标

序号	指标	具体说明
1	人员工作绩效	反映的是物流企业物流操作人员的工作效率问题，可以参考物流企业的员工绩效考核表进行综合评价
2	运输资源	运输资源指标的考核主要从公路、铁路、水路、航空和管道各运输工具、节点和路线等方面综合考虑
3	仓储资源	仓储活动的有效展开与仓储资源的充足与否是紧密联系在一起的，仓储资源的考核包括仓库面积的多少、仓储机械设备的多少及其先进性和堆场面积的多少
4	装卸资源	企业输入物流和输出物流中，装卸作业过程不可避免，因此，物流企业装卸资源也是制造业选择物流供应商时物流资源的考察内容之一。装卸资源=装卸人员数量+各种装卸机械设备数量总和

（3）经验指标。物流企业的经验主要指企业以前的业绩和一些相关的历史数据，主要通过行业服务时间、提供服务种类、成本节约、人员培养与培训、异常情况处理能力和物流过程规划控制能力六项指标来衡量。具体如表6-4所示。

表6-4 供应商经验考察指标

序号	指标	具体说明
1	行业服务时间	指被考察物流企业在物流服务行业从事物流服务工作的时间总和
2	提供服务种类	指被考察物流企业所能提供的如干线运输、市内配送等服务的种类之和
3	成本节约	反映的是物流企业的成本节约能力，具体按物流企业年服务总量中节约的成本总和与此年度物流成本总和之比来计算
4	人员培养与培训	此项指标指对物流企业每年高级物流管理人员的管理培训和物流操作人员的技能培训等年总培训人员数量之和与企业员工总数的比例以及人均培训时间的综合考察
5	异常情况处理能力	此项指标考察的是物流企业的灵活性。具体通过考察物流企业每年成功处理突发事件总数与年突发事件总数之比来评价
6	物流过程规划控制能力	通过对物流供应商服务过程中的物流服务过程规划以及控制方案的可行性、规范性、有效性和误差率进行综合评价

（4）服务质量。物流外包时企业最关心的是物流供应商的服务水平和质量。保证准时交货率是提高企业客户满意度的重要途径之一，如果经常性出现不及时送货现象，那么企业将无法进行正常的生产和销售，进而影响企业的声誉。企业对物流供应商服务质量的考察指标如表6-5所示。

表6-5　供应商服务质量考察指标

序号	指标	具体说明
1	准时交货率	准时交货率＝被考察周期内准时交货次数/总送货次数×100%
2	货损率	物品破损率也就是指在集货、配送和仓库管理中总的物品破损率。其计算方法为：（集货破损数＋配送破损数＋仓库中破损数）/总件数×100%。但要注意的是，为避免同件物品多次记录，收发差错应不计在内
3	准确性	准确性可以从准确交货率和单据准确率两方面综合考虑，交货准确率＝准确物品送达率/总件数×100%；单据准确率＝准确单据交付数/总单据数×100%
4	服务质量体系	服务质量体系的考察可根据制造业自身的实际情况从可行性、客观性、科学性和稳定性等方面综合考虑
5	服务需求响应速度	此项指标反映的是制造业向物流供应商发出服务需求到需求被响应的时间值，该值越小越好
6	顾客满意度	它反映客户对本公司整体满意比率，具体按公式"满意的客户反馈/所有调查个数×100%"来计算，实现方式可每月定期向客户及收货人进行抽查，随机抽查或重点检查

（5）与客户的联盟能力。为了能与物流供应商更好地协调和沟通，同其保持一个良好的合作伙伴关系非常重要。企业往往对物流服务有一定的期望度，企业与物流供应商形成良好的战略联盟，不但能使物流供应商更容易理解企业的需求，更好地为企业服务，而且双方默契的合作还能够真正促成双方共同发展，达到双赢的目的。与客户的联盟能力可以从表6-6所示的指标来评价。

表6-6　供应商与客户联盟能力的考察指标

序号	指标	具体说明
1	历史合作情况	历史合作情况可以从两个方面——根据物流供应商提供的同其他被服务企业的历史合作情况以及本企业同该物流供应商的以前合作情况进行综合考察
2	利益与风险共享性	考察物流供应商同其服务企业之间的利益和风险共享的历史数据和共享机制的科学性、有效性与安全性等综合方面

续表

序号	指标	具体说明
3	核心能力	制造企业可以考察物流供应商的核心能力，并将之与自己的核心能力进行比对，如果能形成互补，那该物流供应商在此指标的选择上无疑是合适的人选
4	服务创新能力	考察的是物流供应商在服务创新方面的表现，具体可以通过与其他同行相比，该物流供应商服务的创新项服务占总服务数的多少来评价
5	信息平台的兼容性	可以通过物流企业同其服务企业的物流信息平台之间能实现兼容的数量/服务企业总数×100%来评价
6	团队合作经验	从物流供应商同其服务企业的历史合作经验的总结，判断此经验对制造业的可借鉴性，以及物流服务团队同自己企业物流服务人员良好合作的可行性等方面综合评价
7	平均物流服务市场占有率	从被考察物流供应商的全国物流市场的占有率大小来判断是否与之合作，如果其物流服务市场占有空间大，对制造业的产品输送速度、新产品市场拓展和提高客户服务水平将起到非常重要的作用

（6）物流成本。降低企业的运作成本、提高企业的服务和产品质量是企业选择物流业务外包的初衷之一。而物流供应商作为物流资源的整合者，帮助企业降低其物流成本是其一大优势。物流供应商提供较低的物流运作成本是企业选择它的一个主要因素。物流成本的考察指标如表6-7所示。

表6-7 供应商物流成本的考察指标

序号	指标	具体说明
1	运输成本	物流供应商物流服务中所花费的运输费用总和
2	仓储成本	物流供应商物流服务中所花费的仓储费用总和
3	包装及流通加工成本	物流供应商物流服务中所花费的包装及流通加工费用总和
4	信息成本	物流供应商在物流服务过程中为获得信息而花费的费用总和
5	人力成本	物流供应商在物流服务过程中支付给物流服务人员的劳务费总和

小提示

制造企业在选择物流供应商时可根据上述这些费用的总和与物流供应商每年物流服务所花费的成本总额之比来衡量该供应商具有成本优势与否。

（7）企业形象。在争取新客户时，企业形象在很大程度上会影响顾客的选择，因此，制造企业在选择物流供应商时，企业形象也是其考虑的因素之一。企业形象的考察指标如表6-8所示。

表6-8　供应商企业形象的考察指标

序号	指标	具体说明
1	企业凝聚力	从领导层的团结进取力、职工的凝聚力、员工的满意度三方面综合考察
2	经营观念	考虑物流供应商的经营观念与本企业的经营观念的比较，两者相符合或接近将对以后的合作打下坚实的基础
3	企业规模	考虑企业的人员、资金、设备和市场规模的综合值
4	员工素质	此项指标指的是物流企业全体员工的学历情况和技能情况等指标的综合值。也可以考虑前面信息和物流作业人员等不同部门人员专业素质加权和

（8）服务价格。早期选择供应商时价格指标是最重要的考虑指标，但随着物流环境和观念的改变，此项指标的作用有所下降。虽说价格指标的影响程度不如以前，但作为影响企业物流成本的直接源泉，物流供应商给企业的物流服务报价的多少是影响企业选择物流供应商的重要因素之一，价格越低，企业的获利空间将更大，同时企业竞争实力将会得到更大程度的提高。

3. 物流供应商的有效管理

有效选择物流供应商是制造业物流业务外包成功的关键，但并不是全部。加强对物流供应商的有效管理，才能达成最终目的。制造企业可按图6-26所示的方法加强对物流供应商的有效管理。

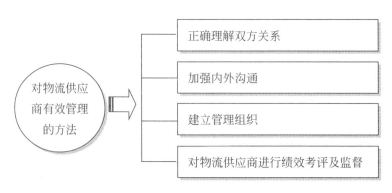

图6-26　对物流供应商有效管理的方法

（1）正确理解双方关系。制造企业应该要意识到一旦选定物流供应商后，企业与其的关系不再是传统的供应商关系，而是一种战略合作伙伴关系。这种合作伙伴关系强调信任、直接、稳定、长期，强调共同努力实现共有的计划和解决共同的问题。此时，物流供应商为企业提供服务的标准也不再是传统的供应商所提供的服务标准，它们提供的服务是随着企业的要求而变化的，遇到问题时也是同制造企业共同商定寻找解决途径。在这种情况下，制造企业要转变观念，不能像传统观念那样只是把物流供应商视为外部供应者，而应该把其当作能实现共同战略目标的合作者，要视与物流供应商的合作为追求长远发展的战略合作伙伴关系，而非注重短期利益的交易关系，视物流合作为价值中心、利润中心而非成本中心，双方是一个互惠互利、风险共担的合作联盟。

因此，制造企业要做的是努力与物流供应商建立 Win-Win（双赢）的合作关系，努力将选定的物流供应商融入到物流供应链当中来实现自己的物流战略规划，共享包括企业任务、业务目标、物流任务和物流目标等战略要素在内的各种信息，以实现双方的共同发展。

（2）加强内外沟通。沟通是管理的有效方式，加强双方的沟通，不但能及时发现和解决问题，更能大大降低双方合作失败的概率。选定物流供应商后，制造企业不但需要加强对外，也就是同物流供应商之间的沟通，还需要加强企业内部各个部门管理者之间、管理者与员工之间的沟通。

① 加强企业内部沟通。加强企业内部沟通主要是加强企业内部各个部门的管理者之间、管理者与员工之间的交流沟通，具体措施如图6-27所示。

图6-27 加强企业内部沟通的措施

② 加强企业外部同物流供应商之间的沟通。当物流供应商被选定之后，制造企业就需要同物流供应商充分交流，让其明白企业为什么进行物流外包、企业的物流战略是什么、企业的发展方向以及企业需要物流供应商怎样配合。同时也细心聆听物流供应商的意见，听听他们的要求和合作意向。在正式展开合作之后，双方还要继续营造一种轻松的交流环境，以便建立一种开放交流机制，使得双方

能及时并有效地解决合作中出现的各种问题。

一方面，制造企业要让物流供应商充分了解自己对物流外包的期望，也要主动去了解物流企业的难处，并试图与之共同解决。

比如，加强双方在物流管理经验、人才、技术、观念上的交流，双方还可以为对方的合作人员提供一定的培训，以便更大程度地加强双方的合作。而实际中，物流供应商往往为了争取更多的客户对客户企业的物流期望不重视，盲目夸大自己的能力。

另一方面，制造企业为了达到物流外包的期望，听到的只是物流供应商关于各方面能力的一面之词，缺乏现场考察，从而最终导致双方的合作失败，双方的利益受损。这些都是由于制造企业同物流供应商之间的沟通不够、不坦诚所造成的，因而积极努力加强同外部物流供应商之间的沟通是非常必要，也是必须的。

（3）建立管理组织。制造企业同物流供应商正式开展工作之后，就需要在企业内部组建一个专门针对物流供应商的管理组织。但需要一支怎样的管理队伍负责此项管理工作，才能使企业的外包物流服务策略能得以顺利实现，又可以正确、有效地进行合作中的危机处理？物流作为企业的"第三利润源"使得参与其中的部门多样化，因此，能很好担任管理与物流供应商合作的人既要有物流经验，又要对企业的整体目标和客户需求有着全面理解。

根据美国马里兰大学供应链管理中心1997年进行的物流外包调查，比较受欢迎的选择是将第三方物流管理委托给一个CLO（首席物流官），此人有专门技能和权威，了解和熟悉企业其他相关部门的情况，并且在建立和保持战略性集中和监督上非常有效。

> **小提示**
>
> 大多数公司认为，由一个物流专家集中化的监督是管理企业与物流供应商之间关系的最有效方式。被选中的管理者必须对企业的物流系统有一个清晰的理解，并且具有决策能力。

（4）对物流供应商进行绩效考评及监督。战略联盟的最终目的是实现自己的特定目标，决定联盟稳定的本质因素是联盟的绩效。物流供应商的绩效评价是运用数量统计和运筹学方法，采用特定的指标体系，对照统一的评价标准，按照一定的程序，通过定量、定性分析，对物流供应商在提供服务期间各项物流服务的业绩做出客观公正和准确的综合评判，真实反映物流供应商的服务现状以便建立适宜的持续改进机制。在保证同物流供应商充分沟通的前提下，制造企业要根据企业需求的变化，制定或修改对物流供应商的绩效考评机制，再由专人专项、逐步并定期进行绩效考评,以使考评能够实现公开、公正以及务实。企业不断对物流供应商进行考评的过程正是促使物流供应商的核心能力得到长期、持续、稳定的发展过程。

在企业与物流供应商明确了责任后,对其的监督极为重要。监督除了对合同责任内容的监督之外,还应对其与制造企业的共同物流战略方向是否偏离进行监督,两者缺一都会影响物流外包的意义。

4. 物流业务外包的风险防范

制造企业选定物流供应商实施物流外包战略后,会存在一定的风险。

比如,物流供应商的履约能力不足给企业带来很多潜在危险、过分依赖物流供应商会导致企业失去业务控制能力、企业机密外泄、协调和监察以及集成等转置成本增加等。

对企业物流外包存在的风险,可以采取图6-28所示的几个措施进行防范。

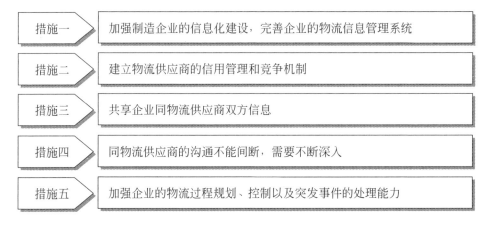

图6-28 物流业务外包风险防范措施

(1)加强制造企业的信息化建设,完善企业的物流信息管理系统。只有加强对第三方物流服务过程中有关产品库存、物流指令的执行情况、物流费用等信息的实时跟踪管理,提高信息的共享度和透明度,从而有效地降低信息传输错误,降低委托-代理关系中存在的信息风险,并及时对风险进行管理控制。

(2)建立物流供应商的信用管理和竞争机制。记录并存档同物流供应商的合作记录以及考评结果,为其设立信誉度,通过信用管理机制来决定其在企业战略规划中的位置,并且,信用机制的建设对物流供应商而言也是提高服务质量、开拓市场的一种有效方式。信用机制的建立可以衍生出竞争机制,通过第四章的物流供应商的选择,制造业可以储备潜在物流供应商对现有供应商形成潜在竞争,甚至必要时还可以建立淘汰机制，使得制造业物流供应链的建立更加机动和灵活。

（3）共享企业同物流供应商双方信息。信息的共享不但能促进合作的升级、双赢关系的巩固，也可以避免和克服一些物流合作陷阱，对减少制造企业的机密泄漏也有效。

（4）同物流供应商的沟通不能间断，需要不断深入。只有保证有效的沟通，才能在思想和实践上保证双方合作的稳定性，也为减少企业物流外包的风险起到防范作用。

（5）加强企业的物流过程规划、控制以及突发事件的处理能力。企业物流过程的规划和控制都离不开企业和物流供应商的共同参与，如果只依赖某一方来实现此过程，都偏离了双方合作的初衷，同时增加了对方的风险。物流合作的过程是一个长期而复杂的过程，加强制造企业对突发事件的处理能力，可以一定程度保证企业的利益不受损害，也为物流供应商提供一定的指导和帮助。

制造企业选定物流供应商后，不但要参与到物流业务的操作当中，而且为了保证双方战略合作伙伴关系的稳定性，其要做的事还很多，如对其进行监督、考评等，保证企业利益的同时也促使物流供应商提高了服务质量。

第七章 智能供应链之协同管理

智能供应链管理实战手册

导言

由于市场需求逐渐向多样化、特殊化转变，传统的生产模式已不足以应对竞争激烈的市场环境，面对这样的挑战，若想在市场中获得强大的竞争力，离不开供应链各环节的协同合作。

一、供应链协同管理的认知

协同管理是一种开源、创新、敏捷、融合的管理体系,就是对系统工程中各个分、子系统进行空间、时间、功能、结构、流程等重组重构,实现"同步—关联—合作—竞争—协同"的溢价增值作用。如图7-1所示。

图7-1 供应链协同优化路径演变

1.供应链协同的概念

供应链协同是指供应链上分散在不同层次和价值增值环节,具有特定核心竞争优势的企业,通过公司协议或联合组织等方式结成一种网络式联合体。在这种联合体中,供应商、制造商、分销商、客户均以信息技术为基础,以文化价值观为纽带,从供应链的全局出发,企业之间相互协调、相互支持、共同发展,为实现同一目标而努力,实现"共赢"的局面。

一般来说,企业实现供应链协同可分为图7-2所示的四个步骤。其中,企业的内、外部供应链协同是其精髓所在。

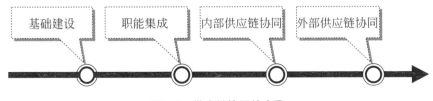

图7-2 供应链协同的步骤

2.供应链协同的本质

供应链协同管理的本质就是针对供应链整体战略及各环节的业务流程、关键信息、物流配送、资本资金、相关商流等要素所进行的重构优化管理,是为提高核心竞争价值而进行的相互交互和彼此协调的组织行为,供应链协同是供应链管理中的重要组成、重要工具和重要手段,目的是为了应对竞争加剧和环境动态性强化,在于有效地利用和管理供应链资源。

3.供应链协同的价值

供应链协同的主要价值是创新供应链商业模式,调整供应链结构,优化供应链流程，共享供应链信息，标准供应链物流，最终实现供应链价值传递并增值，构造竞争优势群和保持核心竞争力。

二、供应链协同管理的优势

随着新兴信息技术与制造业深度融合，使整个制造业发生了重大变化，"智能制造"已成为未来先进制造业发展重点领域之一。专业化分工和社会协作程度的不断加深，使制造产业供应链间的协同体现出紧密化、需求动态化趋势，企业间的竞争已成为整个产业链间的竞争。面对供应链协同所带来的各种竞争优势，实现供应链协同成为各制造企业的共同愿望。

制造产业供应链间的协同具有图7-3所示的三大竞争优势。

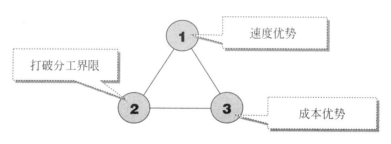

图7-3　供应链协同的竞争优势

1.速度优势

网络经济时代，企业实行供应链协同的一个重要竞争优势就在于速度。在传统企业运作方式中，从接收订单到成品交付是一个漫长的过程，除了必备的作业时间，中间不可避免地产生诸多等待现象。企业如果按供应链协同观念组织生产，在其独特的订单驱动生产组织方式支持下，可以最快速度响应客户需求。

2.打破分工界限

在信息互联网支持下形成的供应链协同系统，突破了传统组织实体的有界性。在信息技术的支持下，供应链协同打破了传统的严格部门分工界限，实行职能的重新组合，让每个员工或每个团队获得独立处理问题的能力，通过整合各类专业人员的智慧，获得团队最优决策，达到技术、组织、管理三方面的结合。

3.成本优势

供应链协同依赖信息技术的支持，成功地实现了客户需要什么就生产什么的订单驱动生产组织方式，极大地降低了整条供应链的库存量。在供应链协同管理的思想下，核心企业及构成供应链的上下游节点企业在战略一致的前提条件下结盟，所有的同盟利益一致，信息共享，由核心企业按照需求动态组合供应链，使整个供应链网络的交易成本降到最低。

相关链接

传统供应链管理的弊端

传统的供应链管理仅仅是一个横向的集成，供应链的各个节点（如供应商、制造商、分销商、零售商和客户）通过通信介质依次联系起来。这种供应链注重于内部联系，灵活性差，它仅限于点到点的集成。如果其中一个节点的作用出现无序或延迟对接，都会影响其他节点企业的价值创造活动，从而影响整个供应链的价值增值。

具体而言，其弊端表现在以下三个方面。

1. 市场变化能力迟钝

由于大多数传统企业没有使用互联网等先进技术，企业内部信息化程度很低，其内部的业务流程和信息传递方式远远不能适应信息化时代的要求，使得整个供应链无法对瞬息万变的市场需求作出快速响应。需求的不确定性增加和预测的准确度降低，不仅造成库存积压，增加库存成本，而且会因供货不及时而降低客户的满意度。

2. 各成员企业之间缺乏信赖

由于供应链的各参与成员是具有不同经济利益的实体，相互间有着利益上的冲突，这种利益冲突常常会导致各成员间对抗行为的产生。而且，他们习惯于以自己的文化、组织、战略目标来理解和看待彼此间的合作关系，从而容易对对方企业的行为不理解或者不信任。另一方面，供应链各成员在参与合作中，担心将企业机密暴露给对方，往往会采取一系列保护和防范措施，有保留地进行合作，导致供应链各方信任与亲密程度降低，使供心链的效率受到极大的抑制。

3. 供应链失调

在传统的供应链管理中，如果供应链的每一个阶段只追求各自目标的最优化，而未考虑对整条供应链的影响，就会导致供应链失调。在供应链失调的情况下，由于各成员企业的信息不能共享，企业只能依据各自独立的预测和需求信息确定其运营策略，从而导致供应链"牛鞭效应"的产生，对供应链的整体效益将产生负面影响。

三、供应链协同管理的意义

供应链协同管理有效地突破传统企业管理的组织界限，建立了跨组织双赢的业务流程结构，实现供应链整体价值的最大化。具体来说，构建供应链协同管理的意义如图7-4所示。

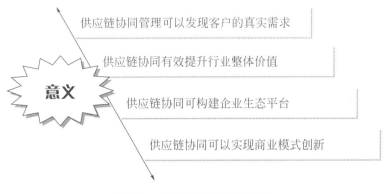

图7-4 供应链协同管理的意义

1.供应链协同管理可以发现客户的真实需求

供应链协同就是以客户需求为中心，供应链企业协同合作可以明确地发现客户的真实需求，而客户需求是供应链驱动的首要要素，更是供应链协同的主要目标和主要方向，确保了供应链协作的方向性。

2.供应链协同有效提升行业整体价值

供应链协同可以有效实现企业资源优势互补，通过协同各参与企业的信息流、资金流、物流及其他相关资源的整体性，增加行业客户的融合性和参与性，创造行业价值最大化。

3.供应链协同可构建企业生态平台

供应链成员在业务交互中，与上下游企业进行良好的业务关联，供应链协同所创造的平台价值，是个体企业无法体现的，需要借助供应链整体协同才能实现。

4.供应链协同可以实现商业模式创新

供应链协同管理是一个不断持续改进的过程，在供应链企业不断的协同过程中，供应链的结构、流程及盈利模式等发生了巨大的变化，从而带来了商业模式的改变和创新。

四、供应链协同管理的措施

对企业来说,应努力构建供应链协同管理模式,以增强自身的核心竞争力。具体措施如图7-5所示。

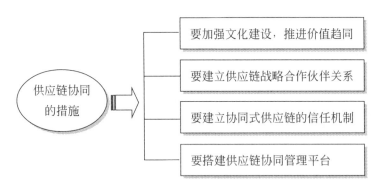

图7-5 供应链协同的措施

1.要加强文化建设,推进价值趋同

由于供应链是通过供需关系建立起来的一种松散型网链结构,节点企业之间保持着较高的独立性,因此,彼此的文化观念和价值取向可能存在着较大差异。各企业要想在这样一个组织中实现协同管理,没有统一的价值取向和文化氛围是不可能的,这就需要在供应链节点企业之间形成一种共同的、彼此能够认同的价值取向和文化理念。

2.要建立供应链战略合作伙伴关系

节点企业一旦加入某条供应链,它就成为该供应链中的重要一环,其行为就会影响到整条供应链及其他节点企业,同时也会相对稳定地处于这条供应链之中。因此,供应链节点企业之间的合作关系是一种非常重要的关系,具有关系全局的战略意义,这就需要在供应链企业之间,特别是关系密切、合作长远的企业之间逐步建立起全面的战略合作伙伴关系,以此达到协同的作用。

3.要建立协同式供应链的信任机制

构建供应链协同管理模式,不仅要在上下游企业之间形成合作伙伴关系,还应该建立有效的信任机制,使供应链节点企业结成优势互补、资源共享、风险共担、盈利共享的利益共同体。建议企业采取图7-6所示的三种措施,将三者相互结合、实现互补,从而更好地实现协同式供应链的信任机制。

没有信任,又何来协同?供应链协同的一个重要基础,就是相互信任,信息共享。

图7-6 实现协同式供应链信任机制的措施

4. 要搭建供应链协同管理平台

随着供应链节点企业协同合作的不断深入，彼此之间的交流将会愈加频繁，流程相互渗透融合，大量的数据和信息都需要及时传播、交换、共享，而供应链节点企业又是一个个相互独立的实体，空间上彼此分离，信息系统各自独立，这就需要企业利用先进的信息技术，开发出支持分布式协同运作的供应链集成化协同管理信息系统，搭建一个供应链协同管理平台，以实现供应链合作伙伴之间的数据和信息的及时交流与共享，从而增强企业与合作伙伴之间的信息系统的兼容性。

五、供应链协同管理的要点

供应链协同管理是供应链管理崭新的和最为现实的模式，已经受到企业界和理论界的广泛重视。供应链协同管理的要点如图7-7所示。

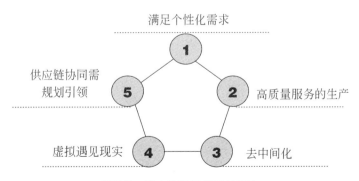

图7-7 供应链协同管理的要点

1. 满足个性化需求

在工业4.0时代，我们将整个价值链融合在产品周期中进行组织和管理，并将商业模式、上下游服务和组织工作重新串联起来，这复杂程度要大于单向批量生产制造。

如今，我们处于一个个性化需求极强的时代，信息互联互通速度非常快。人们已经习惯于享受快速服务、优质服务。延伸到供应链方面，企业就需要考虑从原材料采购，到生产制造，到销售，再到末端的仓储运输，如何有效衔接才能快速满足消费者的诉求。这就需要各个节点之间相互配合，需要企业与消费者、供应商、物流服务商等实时互动，并且在技术水平达到一定程度后才可能实现这一目标。

对于众多企业而言，现阶段实现这一目标是有一定难度的。因为现在一些企业的基本设备、基础网络、移动设备、人机互动等方面不健全甚至不具备，并且还缺乏标准化。然而，这正是众多企业需要努力的地方。

未来，制造业要满足客户个性化的需求，就需要用社会化的生产来实现最优资源的组合。

比如，以生产汽车为例，今后将不是在一个总装厂来完成生产制造，而是十几家工厂同时操作，最后在统一地方就近组装。

2. 高质量服务的生产

当企业在进行社会化生产的时候，需要进行智能联网，进行柔性生产，因为需求是不断变化的。社会化生产不代表要降低服务和质量，而是要提高服务与质量，这样才能够进一步提升制造业水平，才能不断满足消费者的需求。

此外，未来的智能制造还需要做多品种小批量的智能产品。

比如智能空调，在安装三年后，它可以自动提示生产厂商应该添加氟利昂，而不需要消费者自己打电话来操作。

多品种、小批量可以满足市场的快速需求，虽然现在已经有一些企业做到了，但是产品的响应速度比较慢，造价也非常高，只有当这成为一种常态时，才可能降低成本。

3. 去中间化

未来，智能制造工厂的典型特点是去中间化。

比如，以组装汽车为例，现在的每个程序是流水线式生产，未来则可能是组合式的，即每一类标准件做完后，等待另一个需要选装的配件做完，随后进行组装，整个产线可以随时变动。

对于供应链层面来讲，则具有一定的难度。因为供应链中会涉及采购，采购多少，运送到哪里等，这些问题都会阻碍整个生产线的随时变动。

未来的生产制造需要智能工厂，这里有比较清晰的自动化烙印，很多环节可以用自动化设备、自动化机器人来替代。这种自动化机器人可以自动使用参数、自动学习、自动分享、自动提升，其工作速度是可以远远高于人类的。

4.虚拟遇见现实

虚拟与现实的衔接需要一些辅助手段。这并不是在产品外贴条码，而是将信息嵌入产品或者中间件中。随后，去中间化，从产品本身来接受指令。

除了我们现有的记忆外，它可以柔性化，辅助产品生产。当面对全球化、个性化的大量需求，并要求高效低成本响应的时候，就只能从供应链协同方面来着手。而供应链协同的根本是标准，没有统一的标准，则谈不上协同。

标准化是既保证企业能够实现供应链协同的基础，也是实现固化和提升的基础，它像一个爬坡的止滑石，到了一定阶段以后有标准化将它固化，再提升再固化，这样才能持续不断地实现提升。

> **小提示**
>
> 供应链协同的标准和服务必须从顶层设计开始，这不是一家企业能做的，也不是十家企业能做的。

5.供应链协同需规划引领

规划的起点界定了企业未来的高度，每一次规划都需要有一次创新，既要借鉴已有的经验和技术，同时还要将新技术应用于产品、生产制造、服务等，规划与操作完美衔接，有顶层规划，也要有实际操作。

每一个新技术时代都给行业发展带来了翻天覆地的变化，每一项新技术的应用都提升了我们的生活质量，先进制造工业4.0时代，我们在供应链协同方面需要规划引领。

六、供应链内外部协同管理

随着全球化和信息化的发展，企业与企业之间的竞争已经逐步转变为供应链与供应链的竞争，而真正有效的供应链管理应当是在企业内部各业务流程有机统一的状态下，再与其他企业进行融合或协作，以发挥出整个产业供应链的整体绩效，即企业内部供应链与外部供应链的协同发展。如何实现这一目标呢？具体方法如图7-8所示。

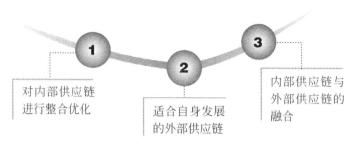

图7-8 供应链内外部协同管理

1.对内部供应链进行整合优化

内部供应链是指企业内部产品生产和流通过程中所涉及的采购部门、生产部门、仓储部门、销售部门等组成的供需网络。如图7-9所示。

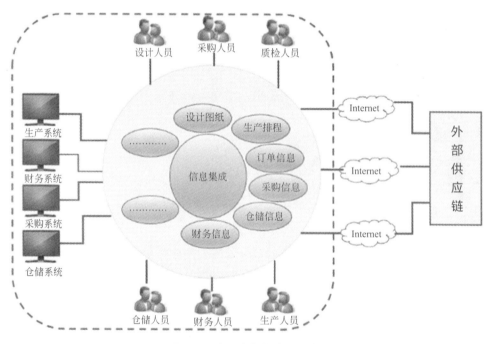

图7-9 企业内部供应链示意

企业内部供应链优化的本质是业务流程的优化。流程优化主要有两种情况：一是从根本上进行改造；二是在现有流程基础上进行持续改善。企业应当重视对现有业务流程进行供应链一体化的改善，使其运行更加协同，从而加强物流、资金流和信息流的同步化运作，强化供应链整体对顾客个性化需求的快速响应能力。企业内部供应链的整合应实现图7-10所示的目标。

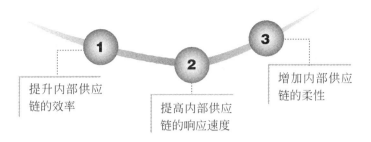

图7-10 内部供应链的整合目标

（1）提升内部供应链的效率。时间和速度是影响企业在市场竞争中能否取胜的关键因素之一，当前在减少存货水平、"零库存"、物料需求计划、配送需求计划中，对供应链效率的要求越来越引起人们的重视。

业务流程的改善是提升内部供应链效率的有效途径。它强调用系统优化的观点，从顾客的需求出发，对企业现有的业务流程进行整体和局部相结合的结构性改善，以保证建立在流程基础上的各项业务分工合理、责任明确、过程可控、监控有效，最终提高企业的运行质量和生产效率。

（2）提高内部供应链的响应速度。服务于企业的内部供应链必须具有快速的响应能力以满足企业对市场快速反应的需要。对于拉动式生产企业来说，由于所有拉动流程都是根据市场需求的反应来运行的，因此，要实现提高内部供应链的响应速度的整合目标，必须提高企业对市场预测的准确性。

（3）增加内部供应链的柔性。供应链柔性可以定义为整个供应链以尽可能低的成本和尽可能高的服务水平，快速响应市场和顾客需求的变化。供应链的柔性应成为衡量供应链整合绩效的一个重要指标，它取决于供应链上下游之间信息流、物流和资金流协调的柔性水平。

2.适合自身发展的外部供应链

外部供应链是指企业外部的，与企业相关的产品生产和流通过程中所涉及的供应商、生产商、储运商、零售商以及最终消费者组成的供需网络。

在对企业内部供应链进行优化和详尽评价的基础上，企业可以根据自身内部供应链的需要有针对性地对外部供应链进行选择。外部供应链的选择，具体是通过外部供应链伙伴的选择实现的。从总体上讲，要根据企业的内部情况对供应商和客户进行选择。

3.内部供应链与外部供应链的融合

将企业内部供应链与外部供应链进行优化，去除供应链流程中的非增值环节，使企业内部各元素的运行协调起来，使供应链链条上的各企业紧密合作、有效协同，从而实现效益最大化。优化过程可以分为图7-11所示的三个阶段。

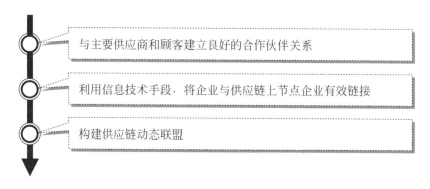

图7-11 优化内部供应链与外部供应链的过程

（1）与主要供应商和顾客建立良好的合作伙伴关系。将企业内部供应链与外部的供应商和顾客集成起来，形成一个一体化供应网链。这个阶段中，企业要特别注重战略伙伴关系管理。管理的焦点要以面向供应商和顾客取代面向产品，增加与主要供应商和顾客的联系，增进相互之间的了解（对产品、工艺、组织、企业文化等），相互之间保持一定的一致性，实现相互之间信息共享等，企业通过为顾客提供与竞争者不同的产品/服务或增值的信息而获利。

（2）利用信息技术手段，将企业与供应链上节点企业有效链接。为了达到与外部供应链的集成，企业必须采用适当的信息技术为企业内部的信息系统提供与外部供应链节点企业的接口，从而达到信息共享和信息交互，达到相互操作一致性的目的。

企业应采用销售点驱动的同步化、集成化的计划和控制系统，基于约束的动态供应计划、生产计划等功能，以保证整个供应链中的成员以一致的眼光来同步化进行供应链管理。

（3）构建供应链动态联盟。企业通过内外部供应链融合优化，已经构成了一个网链化的企业结构，它的战略核心及发展目标是占据市场的领导地位。为了占据市场的领导地位，随着市场竞争的加剧，合作伙伴企业间的供应链必将成为一个动态的网链结构，以适应市场变化、柔性、速度、革新、知识等需要，不能适应供应链需求的企业将从供应链联盟中淘汰。供应链从而成为一个能快速重构的动态组织结构，即一体化供应链动态联盟。

供应链动态联盟是基于一定的市场需求，根据共同的目标而组成的，通过实时信息的共享来实现集成，供应链"链主"利用强有力的战略创造和供应链管理手段，不断提升整个供应链的效益，实现链条上各个节点的多赢。

相关链接

企业如何提高外部供应链协同水平

1. 企业间建立互联互通的信息共享平台

首先,各企业间信息的处理程序必须规范,处理信息要遵守一定的规程,不能出现虚假信息,企业各部门按照统一数据库进行管理决策,并按照正常的行政制度,实现企业总体经营目标。其次,企业间必须做到信息共享。信息共享是保证企业协同的必要条件,只有做到信息共享,才可以使所有的企业都知道对方的情况,及时做到协调,共同进步,抱团发展。最后,企业间需要搭建信息共享平台,提供一个信息共享的沟通渠道。

2. 各企业间要适应供应链协同管理,转变企业发展战略

首先,企业间需要有一个中间组织,即这些企业通过中间组织进行技术、资本、人才等方面的交流,既不完全采取导致自身利益最大化的行为,也不完全采取导致共同利益最大化的行为。"中间组织"的作用主要是搭建、稳固、强化企业之间的协同关系和发挥协同效应。

其次,企业追求价值链优势,必须做到价值管理的企业供应链协同。从企业计划的预测和制订开始,形成原材料采购、供应商管理、储运管理、生产分销及服务过程中的合理分配,从而在满足客户需求、加快反应速度和降低运作成本之间,找到一个平衡点,使链条保持整体的协同性。

最后,需要构造竞争优势群。并不是每一个企业都有能力构造必要的竞争优势群系统,就算能自己构造也颇费时日,并有可能错失继续发展的良机,这就需要借助供应链协同,这是一种较为便利和便宜的方式,可以使成员企业优势互补,形成共赢局面。

3. 企业间需要建立有效的绩效评价体系

设立企业供应链协同管理绩效指标体系,能保证合作企业间的自身利益方向一致,使供需双方都没有偏离供应链的链条,并在契约里有难以涉及或难以操作,或难以处理的意外事件时,按某种"默契"或行动准则等进行运营,以避免不必要的事情发生。

七、供应链协同体系的建设

供应链协同体系的建设是生态型圈层建设,从企业战略层面、执行层面到企业的组织层面、技术层面等需要全面的协同才能实现有效合作,通过在跨职能、

跨维度、去结构、去中心上实现了供应链协同，整条供应链才能实现高效率、高可视、低成本、低风险地提供相关产品和相关服务。

具体来说，供应链协同体系的建设可从图7-12所示的几个方面入手。

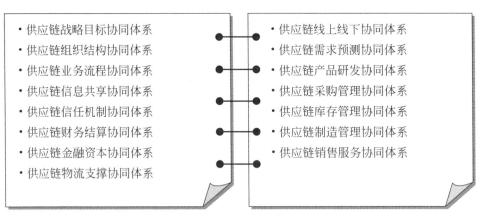

图7-12　供应链协同体系的建设

1.供应链战略目标协同体系

供应链战略目标协同体系是指供应链协同体系运营的战略目标是否具有一致性，既有整体战略的统一目标，也有个体企业的协同目标。供应链战略目标协同体系建设，本质上是界定整个供应链的战略方向、业务聚焦和各参与企业的利益平衡关系。协同的重点内容包括图7-13所示的内容。

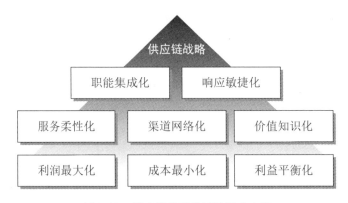

图7-13　供应链战略协同的重点内容

确立供应链战略协同目标，还应建立战略的沟通协商、平衡制约、合理退出、管控监督、综合评价等机制，让参与企业能够充分发挥自身权责利，确保供应链协同战略目标的实现。

2.供应链组织结构协同体系

供应链组织结构协同体系主要通过组织结构优化由传统"竞争-博弈"竞争模式转变为"合作-整合"模式。供应链组织结构是供应链组织在职、责、权、利方面的动态结构构成，其本质是供应链成员为实现供应链的整体目标在业务范围、个体责任、相对权利方面所形成的分工协作结构体系。供应链组织结构必须随着供应链战略调整而进行相关协同，供应链组织结构协同主要包括组织协同和结构协同。供应链组织结构协同强调建立科学的供应链结构，通过结构优化实现结构层次清晰、科学分层管理，明确供应链结构协同的要求、责任、权力、利益，因此组织结构协同体系可以提升参与企业的软实力，促进供应链管理的溢价增值和竞争优势。

3.供应链业务流程协同体系

供应链业务流程协同体系是从供应链企业内部到供应链各参与企业的一系列管理活动，由于各种供应链生产要素的需求变化导致供应链业务流程需要进行调整和迭代，因此，业务流程协同成为供应链协同的重要组成。供应链业务流程协同重构成为供应链价值增值的重要手段和方法。供应链企业应在图7-14所示的各方面重构业务流程，对协同流程进行全面优化，突破供应链流程管理的瓶颈，采取符合供应链实际情况的最佳做法，把整个供应链建成一个动态、规范、平滑、高效的流程管理体系，并通过对供应链现有流程进行重新整合，实现供应链的高效运作，以流程带动信息、物流和资金在供应链内无障碍地流转，使协同业务流程管理发挥真正的效果。

图7-14　供应链业务流程协同应包含的方面

4.供应链信息共享协同体系

供应链信息协同体系是指通过信息数据驱动传递为基础实现数据信息的有效传递、实时共享同步的协同体系。数据驱动的信息共享协同是供应链管理成功与否的重要支撑条件,供应链各环节的正常运营是基于供应链各节点企业的信息传递和共享,没有信息传递和共享的供应链,各个企业会成为彼此孤立的信息孤岛。只有高精确度的信息传递和共享,保证需求信息在传递过程中不失真、不离散,才能够有效解决供应链中的"牛鞭效应"、信任问题和迭代问题。

> **小提示**
>
> 供应链参与企业通过以信息共享为工具,以优化供应链绩效为目标,进行协同决策,不仅摆脱了各节点企业单一目标分散决策所造成的供成链整体效益协调问题,也解决了传统集成式供应链管理中核心企业制定主导决策所带来的诸多问题。

5.供应链信任机制协同体系

供应链信任机制协同是指为了供应链能协同运作而制定信用准则、规范及契约交易的基本制度,是供应链有效协同的前提和制度保证。供应链各企业间的合作前提是以商业信任和企业精神为基础的,要实现供应链协同管理就必须加强征信体系和信任机制建设,这样供应链的运作安全才能得到保证和提高。信任机制的建立有效降低了企业交易时间和交易成本耗费,并减少摩擦与矛盾、谈判与协商,从而大大调高了效益,降低了成本。供应链信任机制协同规则主要包含图7-15所示的内容,因此,各企业应积极参与供应链信任机制协同规则的制定、选择、执行和奖惩机制,确保供应链信任机制协同体系的有效监督和执行落实。

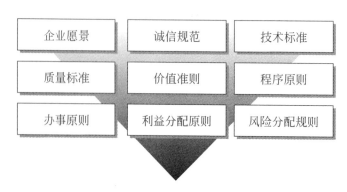

图7-15 供应链信任机制协同规则包含的内容

6.供应链财务结算协同体系

供应链财务资金结算协同体系就是要以现金流精益化协同管控为核心，密切衔接供应链相关业务流程，把有限的资金资源在供应链各个环节进行最优配置的过程。资金管理作为供应链管理的重要组成，正逐步成为贯通供应链各业务领域的重要管理手段，供应链资金管理能力的高低也成为影响企业价值创造的关键因素之一，根据资金结算和现金流的动态状况统筹安排资金，形成引导供应链业务流程提升的倒逼机制。在财务结算资金协同化管理总框架下，以供应链资金预算管理协同为核心，以现金流量动态管控为重点，以财务、业务流程融合为支撑，以资金筹集和账期管理交互为基础，掌控供应链企业的融资、营运资金管理、资金结算等关键性环节，实现财务结算的安全性、流动性、盈利性的协调统一和财务资金结算全过程的可视性、可控性。如图7-16所示。

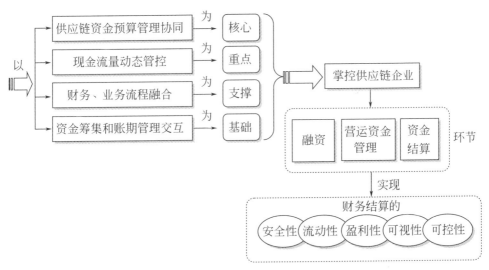

图7-16　供应链协同资金管理

随着供应链体系的建设，应用资金管理协同平台，利用资金池，对全供应链的资金协同统筹管理，资金统一筹集调配、统一运营管理、统一风险控制、信息共享对称、利益高度协配。构建高效的供应链财务资金结算协同体系，保障了供应链的稳健持续发展。

7.供应链金融资本协同体系

供应链金融资本协同是围绕产业供应链和金融经营协同的融合，它的增值收益主要来自于产业支持下金融业务的经营成本和产业组合稳定现金流支持下的资金成本节约。高效的供应链金融资本协同是供应链企业创造增值溢价价值的重要途径，具体如图7-17所示。

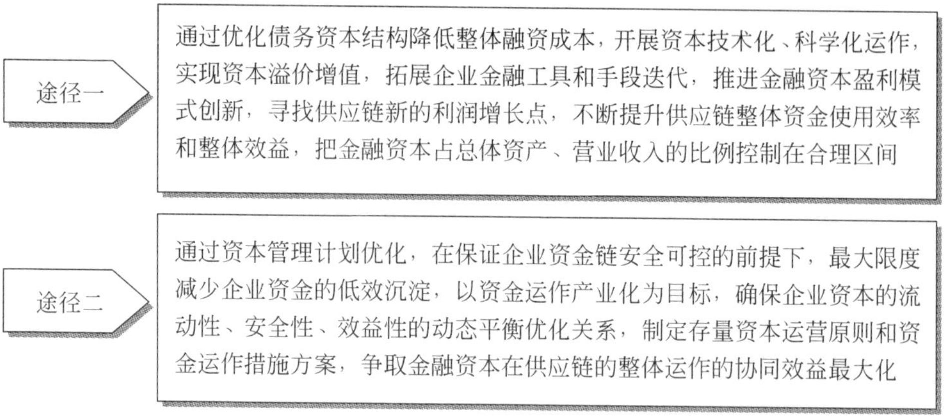

途径一	通过优化债务资本结构降低整体融资成本,开展资本技术化、科学化运作,实现资本溢价增值,拓展企业金融工具和手段迭代,推进金融资本盈利模式创新,寻找供应链新的利润增长点,不断提升供应链整体资金使用效率和整体效益,把金融资本占总体资产、营业收入的比例控制在合理区间
途径二	通过资本管理计划优化,在保证企业资金链安全可控的前提下,最大限度减少企业资金的低效沉淀,以资金运作产业化为目标,确保企业资本的流动性、安全性、效益性的动态平衡优化关系,制定存量资本运营原则和资金运作措施方案,争取金融资本在供应链的整体运作的协同效益最大化

图7-17 供应链企业创造增值溢价价值的重要途径

8.供应链物流支撑协同体系

供应链物流支撑体系是指在供应链互动协同管理范围,相关企业在协同条件下物流体系运营的相关管理。供应链协同采购整合、制造整合、渠道整合、信息整合都需要物流支撑体系的重构优化才能实现,供应链参与企业要考虑整体物流成本的有效归集和合理分配,不仅仅要降低某项业务的单一成本,还要有效降低供应链总体成本。

传统渠道的物流服务体系大多是产品导向按照干线运输、区域仓储、区域调拨、末端分仓配送的物流路径。随着供应链协同整体需求,协同物流支撑体系通过优化整个物流运作,使物流、信息流和资金流的配合流动实现高效优化,并实现整体性、系统性的创新管理,通过对仓储库存和运输配送过程的协调,发挥物流资源的组织协同效应,大大降低供应链的整体物流成本。如图7-18所示。

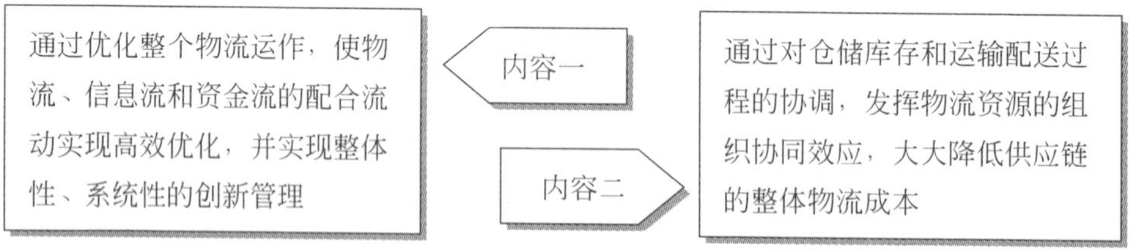

通过优化整个物流运作,使物流、信息流和资金流的配合流动实现高效优化,并实现整体性、系统性的创新管理	内容一	
	内容二	通过对仓储库存和运输配送过程的协调,发挥物流资源的组织协同效应,大大降低供应链的整体物流成本

图7-18 供应链物流协同体系的内容

9.供应链线上线下协同体系

供应链线上线下协同体系主要通过信息技术与物流配送网络的支撑,实现全渠道的需求订单、便捷支付、物流配送之间的有效融合、交互、衔接,使整个供应链的采购、计划、生产、流通、服务等业务过程更加协同高效。线上线下协同体系主要通过统一的信息平台数据和线下业务流程数据共享、集成共享实现数据结构化，通过数据协同业务实现供应链生产要素高效匹配，以需求数据为基准，通过数据协同产生新的增值方式，可以及时、准确地提供相关产品和服务。

打造以线上、线下资源融合控制为核心的供应链协同体系，需要通过线上资源和线下资源共同培育和合作，具体措施如图7-19所示。

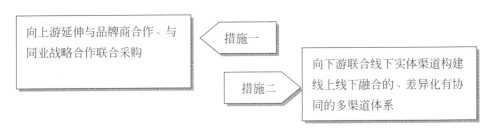

图7-19 打造供应链线上、线下协同体系的措施

10.供应链需求预测协同体系

供应链需求预测协同体系是驱动整个供应链业务的源头和核心要素，需求预测协同体系是预测目标、预测工具等多个要素组成的系统服务体系，是根据供应链企业现有的基本状况、运营特点以及影响发展变化的众多因素，通过运用理论分析、数据统计等方法进行多维度的分析研究来判断未来的发展方向和未来趋势。如图7-20所示。

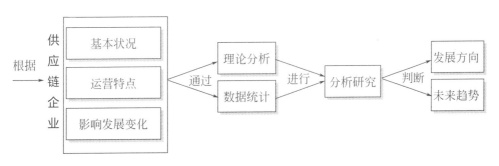

图7-20 供应链需求预测协同管理

需求预测可以科学高效优化库存管理，降低供应链的运营成本，显著提高运作效率，对于供应链战略的总体设计和有效实施具有重要的意义。

需求预测协同是柔性制造和按需生产的基础，是连接生产制造和销售服务的桥梁，供应链的各环节运营都需要需求预测的相关数据配合支持，如供应链的销售计划、制造排产计划、财务资金筹集管理等准确性、及时性、科学性都直接或间接受到需求预测协同的影响和制约，因此，供应链需求预测协同体系可以有效保障供应链的成功与否。

11. 供应链产品研发协同体系

供应链产品研发协同体系是供应链企业的核心竞争力，产品研发与供应链协同构建了产品与供应链同步化设计的框架和流程，从而确保产品和供应链之间的协调性和一致性。客户个性定制化需求导致产品研发的需求模式发生了变化，具体如图7-21所示。

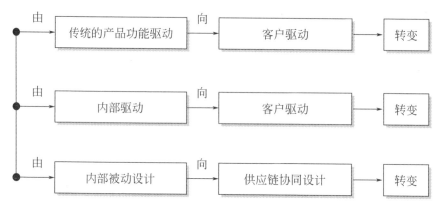

图7-21　产品研发需求模式的转变

供应商协同参与产品设计已经成为必然趋势，企业应通过构建多组织、分布式异地设计中心与供应商联合设计的协同平台体系架构，从而达到快速提升供应链的整体研发效率，提高协同研发的战略价值。

12. 供应链采购管理协同体系

供应链采购管理协同体系是基于供应链管理协同的需要，从传统的采购模式向现代采购模式转变，如图7-22所示。

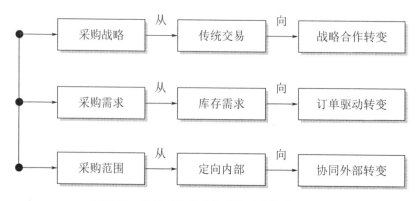

图7-22　传统采购模式向现代采购模式的转变

在供应链协同条件下,采购管理是以客户或者订单驱动进行的,从用户需求驱动开始延伸到整个供应链,这种驱动模式可以快速响应客户需求,降低采购整体成本,形成供应链协同下的采购管理理念。

传统采购模式下,供应商只关注价格等主要因素,并且与采购方是交易关系,而基于供应链的采购关注采购综合总成本,并注重与供应商建立战略协作伙伴关系。因此,在供应链协同采购的影响之下,企业中的采购管理模式不断得到优化创新。

13. 供应链库存管理协同体系

供应链库存管理协同体系将库存管理嵌入整个供应链之中从点到链、从链到面的分布式协同库存管理体系。供应链库存管理协同的目标是基于供应链的总体战略,以降低库存整体成本和提高响应能力为目标,通过对流程上各个库存节点管控协调,将各环节库存合理分布,保持供应链整体库存管理成本最优。

传统库存管理只考虑内部资源的有效利用,而供应链库存协同管理则具有图7-23所示的优势。

| 优势一 | 不仅是维持生产销售的措施,而且是供应链的重要平衡机制,消除供应链管理的不规则需求波动,保持供应链总体供需平衡 |

| 优势二 | 实现整条供应链各环节库存的动态平衡,及时准确地预测供应链各项异常变化带来的需求 |

| 优势三 | 使供应链上各企业间建立起战略合作关系,实现供应链整体动态库存的科学分配 |

图7-23 供应链库存协同管理的优势

14. 供应链制造管理协同体系

供应链制造管理协同体系是借助信息网络技术将线性流程工作变为并行离散工程,实现供应链内部、跨供应链体系的各个工序、工位、环节、流程的生产模式,最终实现资源优化利用的目标。供应链制造管理协同是以产品为对象,通过服务型制造、敏捷制造、智能化制造、云制造等模式,将产品的生命周期各个阶段涉及的数据进行集成应用,将各类生产要素进行优化整合,使制造环节各个流程可以高效协同,同时,制造管理协同将间断式、孤岛式流程管理转变为集成化管理，实现了全生命周期管理。协同制造管理是提升制造环节的需求敏捷性、缩短生产周期、提高制造效率、实现协同协作开发的重要手段。

供应链制造管理协同模式，简化传统制造模式，通过制造协同的优化实现制造模式的创新，形成完整的管理控制闭环。

15. 供应链销售服务协同体系

供应链销售服务协同体系，是以满足终端客户消费需求为核心，以销售渠道战略协同为前提，以销售服务资源共享为主导，以销售信息充分共享为基础，对主要供应链销售渠道和终端用户实施的销售服务运作方法。销售服务协同不是传统的渠道体系优化，是供应链升级迭代协同运作创新的转变，满足了客户驱动的渠道融合和客户交互，提升消费理解与敏捷反馈，是供应链客户之间的战略合作一体化的直接体现，建立销售服务协同体系是供应链协同的重要手段之一。基于供应链视角，从外部环境、组织内部以及合作特征对销售服务渠道协同驱动因素进行协同，多样化的销售服务协同体系建设对协作方式和管理要求不同，同时也对共享服务资源的开放、动态、透明和共享保持差异需求。

总的来看，供应链协同体系构建不仅可以帮助供应链企业形成整体溢价的核心竞争力，同时也提升了各个环节的局部竞争力，创造了产业集群式螺旋上升的效果，协同体系的创新建设管理可以有效实现供应链管理价值的最大化。

增宇协同供应链管理平台解决方案

江苏增宇信息科技开发有限公司开发的协同供应链管理平台软件是基于现代电子商务理念，借助互联网平台，完善并拓展了企业的信息化管理范畴，为制造业、商贸流通企业提供面向供应链下游的基于门户的协同解决方案，提供企业与经销商、代理商、终端客户、物流公司的网上交易服务的综合协同管理平台，帮助企业分享从内部管理到外部商务协同的一站式、全方位服务，提高整个供应链体的柔性，并达成整体供应链价值最优化，从而帮助企业强化管理竞争力、生产力和运营效率。

1. 产品特点

（1）高效便捷的订货。全面优化提升电商购物车模式的易用性，支持多种选购下单模式，让经销商轻松完成每一张订单的下达。

（2）全程可视的管控。覆盖销售订单处理的全生命周期，从在线下单、接单审核、计划排产、发运调度到签收回访，可在任何地方、任何时间通过互联网跟踪订单执行情况。

（3）严谨灵活的协作。将协同工作流理念融入到信息发布、质量反馈、订单回访、客户交流、任务下达、工作汇报、业务审批等每一处业务之中。

（4）智能图形化调度。以产品订单为主线，建立产品、配件、三包清退、广宣用品、随车件、滞留件的配送管理模式，以发运调度看板为核心，提供图形化的智能物流发运管理。

（5）快速准确的分析。对销售区域、地理区域、销售部门、业务人员、产品系列、产品明细、经销商、销售时间进行同比、趋势、结构等各种分析，实时掌握业务信息，帮助企业优化决策。

（6）高度集成的整合。经销商管理系统可与企业内部的ERP、PDM（产品数据管理）、条码等系统无缝集成，相同的数据不需重复录入，大大提高业务处理效率和准确性，实现企业内外部数据共享、业务协同。

2.技术特点

（1）技术先进性。集业务功能型与办公协同型研发理念于一体，创新一代BS互联网应用开发模型。

（2）成熟稳定性。多年研发积累，大量用户支持，大型数据库保障。

（3）易用适用性。简易操作风格，易学易用的人性化界面，5分钟学会使用。

（4）安全高效性。完整的系统安全策略和安全认证机制，严格灵活的权限管控。

（5）扩展持续性。平台化开发，功能模块可配置、单据可配置、流程可配置、报表可配置、打印可配置、集成应用可配置，满足企业不断发展的管理所需。

3.典型案例

江苏宗申三轮摩托车制造有限公司（以下简称江苏宗申）是宗申产业集团与江苏淮海产业集团合资成立的下属子公司，专业致力于微型汽车系列产品、三轮摩托车、电动车的发展，目前江苏宗申三轮摩托车年产销量居全国同行业第一。

随着企业业务规模的不断扩大，许多供应链管理困扰开始凸显。

（1）产品、配件种类繁多，同时产品的更新换代导致同一配件存在多版本问题，使订货、发货过程中存在严重的沟通障碍，从而导致分销环节、售后服务环节的业务协同效率比较低。

（2）订货效率低。采用电话、传真、Email、QQ等方式订货，处理周期长，费时费力。

（3）订单数据不准确，沟通成本高。对同一物料，经销商的叫法与企业内部人员的叫法不一致，需反复沟通。

（4）业务决策慢。不能及时获取销售、服务终端信息（销售和库存量），缺乏决策辅助信息。

（5）经销商服务满意度待提升。传统模式不仅易发生漏单、错单，而且员工大部分时间都在处理事务型工作，很难提供更高层面的经销商关怀。

为了从根本改变这一现状，江苏宗申采用了增宇DMS供应链电子商务服务解决方案，建立了经销商及服务网点门户，有效地支撑起全国范围内的产品、配件和三包服务的业务管理，更加巩固了其行业龙头的地位。具体的应用效益表现在以下几点。

（1）信息经过网上实时共享，加速了业务处理过程。

（2）订货过程实时高效、数据准确，98%的国内订单通过这个平台处理，经销商满意度显著提高。

（3）规范了内外信息的统一叫法，与经销商的沟通变得简单，跟单人员大为缩减。

（4）由于采用在线服务模式，公司可以将资源聚焦于自己的核心业务，大大降低了服务成本。

 **相关链接**

软通动力供应链协同解决方案

软通动力供应链协同方案，对采购、订单处理、跟踪、仓储、物流和金融保险等供应链各环节实现智能协同，剔除冗余环节，把供应商、制造商、销售商和最终用户连成一体，帮助企业为用户提供满意的产品和服务。如下图所示软通动力供应链协同方案。

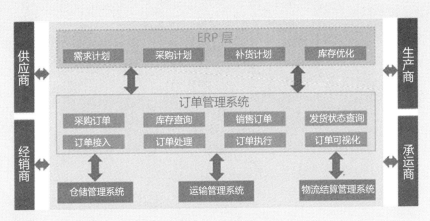

软通动力供应链协同方案

1. 方案优势

（1）联动式的供应链协同。促进全产业链、价值链的网络协同发展，实现产业链上下游联动协作。

（2）多业务多系统协同化运作。通过内外部供应链的有效协同，实现多业务的协同化运作。

（3）灵活配置系统，快速构建业务。对各种物流服务进行动态组合，通过选择不同的物流方案，有效协同各种物流业务。

（4）统一协同调度管理，及时预警调节。统一集成内外部资源信息，统一订单调度与跟踪策略。

（5）全程可视化跟踪，保障供应链安全。系统可全程跟踪业务处理流程，让发货商实时了解订单的执行状态，让运输商及时了解货物运输状态，让经销商及时了解库存状态。

2. 客户收益

（1）自动将企业需求对接到供应商订单管理系统，提高供应商操作效率。

（2）自动规划取货路线，提高车辆装载率，降低物流成本。

（3）精确控制供应商送货时间，指导供应商备货，降低库存成本。

（4）实时跟踪车辆，指导车辆入场，提高物流效率。

附录 智能供应链管理实战手册

AGV：Automated Guided Vehicle，自动引导搬运车/无人引导小车

Assign AVL模式：指定合格供应商模式

Automatic Sorting System：自动分拣系统

BI：Business Intelligence，商业智能

BOM：Bill of Material，物料清单

Buy/Sell模式：先买后卖模式

CIM：Computer Integrated Manufacturing，计算机集成制造

CIMS：Computer Integrated Manufacturing System，计算机集成制造系统

CLO：Chief Logistics Officer，首席物流官

COC：行为准则

CODP：Customer Order Post-ponement Decoupling Point，顾客需求切入点

Consign模式：送料模式

CPS：Cyber-Physical Systems，信息物理系统

CRM：Customer Relationship Management，客户关系管理

CTS：Cellular Transport Systems，小型自主运输单元

ECR：Efficient Consumer Response，有效客户反应

EDI：Electronic Data Interchange，电子数据交换

EIQ：E是指"Entry"，I是指"Item"，Q是指"Quantity"，即是从客户订单的品项、数量、订货次数等方面出发，进行配送特性和出货特性的分析

EMS：Electronic Manufacturing Services，电子制造服务

EOL：End of Life，产品生命周期结束

EOQ：Economic Order Quantity，经济订货批量

ERP：Enterprise Resource Planning，企业资源计划

FMS：Flexible Manufacture System，柔性制造系统

Gap：差异

GIS：Geographic Information System，地理信息系统

Golden Line：样板线

GPS：Global Positioning System，全球定位系统

Horizontal Integration：横向一体化

IC：Integrated Circuit，集成电路

IE：工业工程

IOT：Internet of things，物联网

IP：Intellectual Property Right，知识产权

JDM：Joined Design Manufacturers，合作设计制造

JIT：Just in Time，准时

Key Components：关键物料

Last Buy：最后一次购买

Layout：布局

LP：Lean Production，精益生产

MC：Mass Customization，大规模定制

MES：Manufacturing Execution System，制造企业生产过程执行系统

MIN/MAX：最小量/最大量

MP：Mass Production，量产

MRP：Material Requirement Planning，物料需求计划

NB-IoT：窄带物联网

ODM：Original Design Manufacturers，原始设计制造

OEM：Original Equipment Manufacturers，原始设备制造

OMS：Order Management System，订单管理系统

OTD：订单到交付

Outsourcing：生产外包

PDM：Product Data Management，产品数据管理

PLM：Product Lifecycle Management，产品生命周期管理

Pooling：联合库存

QCR：Quality Control Reliability，质量控制

RFID：Radio Frequency Identification，无线射频技术

RGV：Rail Guided Vehicle，有轨制导车辆，也称穿梭车

SaaS：Software-as-a-Service，软件即服务

Savant：传感器数据处理中心

SCM：Supply Chain Management，对企业供应链的管理

Single source：独家供应

SKU：Stock Keeping Unit，库存量单位

SRM：Supplier Relationship Management，供应商管理

Strategic parts：策略器件

TMS：Transport Management System，运输管理系统

Turnkey模式：自行进料模式

Vertical Integration：纵向一体化

VMI：Vendor Managed Inventory，供应商管理库存
VR：虚拟现实
WCS：Warehouse Control System，仓储控制系统
Wi-Fi：一种允许电子设备连接到一个无线局域网（WLAN）的技术
Win-Win：双赢
WMS：Warehouse Management System，仓储管理系统